LUCIE BRAULT SIMARD

Mis primeros juegos pedagógicos y experimentos lúdicos

*Para aprendices de científicos
a partir de los 3 años*

*¡Experimentos con la naturaleza, el agua, la comida,
los imanes, el papel, el equilibrio, los insectos,
el ruido y mucho más!*

EDICIONES OBELISCO

Si este libro le ha interesado y desea que le mantengamos informado
de nuestras publicaciones, escríbanos indicándonos qué temas son de su interés
(Astrología, Autoayuda, Psicología, Artes Marciales, Naturismo,
Espiritualidad, Tradición…) y gustosamente le complaceremos.

Puede consultar nuestro catálogo en www.edicionesobelisco.com

Colección Psicología
MIS PRIMEROS JUEGOS PEDAGÓGICOS Y EXPERIMENTOS LÚDICOS
Lucie Brault Simard

1.ª edición: julio de 2019

Título original: *Mes premiers jeux pédagogiques et expériences ludiques*

Traducción: *Pilar Guerrero*
Maquetación: *Marga Benavides*
Corrección: *Sara Moreno*
Diseño de cubierta: *BuffStudio* sobre una fotografía de Ben White

© 2015, Les Productions dans la Vraie Vie (edición original)
© 2018, Éditions Dangles (para la edición francesa)
(Reservados todos los derechos)
© 2019, Ediciones Obelisco, S.L.
(Reservados los derechos para la presente edición)

Edita: Ediciones Obelisco, S.L.
Collita, 23-25 Pol. Ind. Molí de la Bastida
08191 Rubí - Barcelona - España
Tel. 93 309 85 25 - Fax 93 309 85 23
E-mail: info@edicionesobelisco.com

ISBN: 978-84-9111-494-9
Depósito Legal: B-15.689-2019

Printed in Spain

Impreso en SAGRAFIC
Passatge Carsí, 6 - 08025 Barcelona

El juego permite al niño
hacer descubrimientos...
Aprender puede ser muy divertido.

Jugando experimenta el placer
de jugar, la magia del humor
y la curiosidad por descubrir.

FRANCINE FERLAND

NOTAS PEDAGÓGICAS

El *Petit Larousse* define la palabra «experimento» como «…ensayo efectuado para estudiar un fenómeno». Teniendo en cuenta esta definición y nuestro conocimiento del mundo infantil, podemos afirmar con certidumbre que los niños y las niñas viven en perpetua experimentación. Estudian la relación entre los objetos (relaciones de tamaños, de formas, de colores, de causa y efecto, de reacciones…), buscan averiguar el cómo, el porqué y el cuándo. Los niños y niñas «experimentan» durante todo el día. «Estudian» su entorno constantemente.

Por otra parte, hay que escoger cuidadosamente las situaciones que les proponemos. Los niños pequeños no comprenden de manera exacta lo que están viendo. Los «experimentos» que les proponemos deben concordar con su capacidad para comprender el evento, la situación o el objeto que tienen delante. ¿Es el sol una inmensa bola de fuego? Pues ellos solamente ven una bolita amarilla en el cielo. Los objetos se ven más grandes cuanto más nos acercamos a ellos, pero ¿lo han experimentado ellos mismos? ¿Qué comprenden exactamente de lo que están presenciando? ¿Cuál es su «experiencia» con lo vivido? Si me ven de lejos y les parezco muy pequeñito, ¿será que me he encogido? ¿Será que voy creciendo conforme me acerco a ellos?

Vamos a dedicarnos a hablarles de lo que está más cerca de ellos. Démosles la posibilidad de ensayar, de equivocarse, de volver a empezar… y todo ello con sus propios gestos, con sus comentarios, sus opiniones, sus hipótesis…

Salgamos a la aventura con ellos, animémoslos, exploremos y metámoslos en situación… Sigamos sus ensayos, alentemos sus tentativas, valoremos su implicación… y, luego, felicitémoslos al descubrir sus inclinaciones para investigar.

N. B. **Todas las actividades propuestas en este libro deben realizarse, preferentemente, bajo la supervisión de un adulto, siguiendo el dictado del sentido común.**

1

CONOS SONOROS

Para experimentar: 👥 De dos en dos   👥 En grupo reducido

Materiales

• Hojas de papel grueso o cartulina • Celo • Tijeras

EDAD SUGERIDA: A partir de 3 años

Preparación del experimento

1. Enrollar una hoja de papel o un trozo de cartulina para formar un cono.
2. Dejar un agujerito de al menos 3 cm de diámetro cortando el lado estrecho del cono.
3. Pegar con celo los bordes para mantener la forma de cono.

Desarrollo del experimento

1.er Experimento:
1. Colocar a un participante a unos metros de distancia del otro.
2. Uno de ellos deberá hablar en voz baja.
3. El otro participante lo escuchará.
4. Después, el primer participante hablará por su cono y el segundo escuchará con su cono.
5. ¿Es más fácil oír con el cono o sin él?

2.º Experimento:

1. Colocar a los participantes alejados unos cuantos metros.
2. Un participante hablará en voz baja por su cono.
3. El otro participante escuchará con su cono en la oreja.
4. ¿Es más fácil hablar a través de los dos conos?

ETAPA 1

ETAPA 2

ETAPA 3

Variantes y sugerencias

Experimentar de diversas formas:

- En interiores, en exteriores, con o sin viento…
- Variando el grosor de la cartulina.
- Aumentando o disminuyendo la distancia entre los investigadores.
- Utilizando un embudo.

MIS NOTAS:

_____
_____
_____
_____
_____
_____
_____
_____

PERMITE DESARROLLAR:

1. Discriminación auditiva
2. Cooperación
3. Atención
4. Lenguaje

2

BINÓCULOS DE COLORES

Para experimentar: 👤 Individualmente   👥 Por turnos

Materiales
• Dos tubos de papel higiénico • Papel celofán
de colores • Celo • Tijeras

**EDAD
SUGERIDA:
A partir de
3 años**

Preparación del experimento

1. Escoger dos tubos de papel higiénico y retirar cualquier resto de papel que pudiera quedar.
2. Decorarlos si se quiere.
3. Cortar dos trozos de papel de celofán del color preferido de cada cual.
4. Pegar con celo un trozo de celofán un extremo de cada tubo, de forma que se cierre el agujero.
5. Pegar con celo ambos tubos, formando unos binóculos.

Desarrollo del experimento

1. Fabricar binóculos de diferentes colores: amarillo, rojo, verde, azul, negro, blanco…
2. Observar el entorno con binóculos de diferentes colores.
3. Percibir las variaciones de color de un mismo objeto:

- Según el color de los binóculos (rojo, azul, amarillo…).
- Según si el día está soleado o nublado.
- Según si el objeto está iluminado o no. Por ejemplo: un callejón sin sol.

Variantes y sugerencias

Llevarnos los binóculos de paseo y utilizarlos para observar las calles, la naturaleza y los animales.

MIS NOTAS:
....

PERMITE DESARROLLAR:
1. Discriminación visual
2. Memoria visual
3. Coordinación
4. Organización espacial
5. Razonamiento lógico

3

La fuerza del viento

Para experimentar: 👤 Individualmente   👥 En grupo reducido

Materiales
• Aspirador eléctrico • Objetos pesados y ligeros • Diferentes objetos que ruedan o que no ruedan • Contenedores diversos de papel, cartón, plástico, porexpán…

EDAD SUGERIDA: A partir de 3 años

Desarrollo del experimento

Divertirse aspirando los diferentes contenedores
Fijarse en cómo se adhieren sólidamente a la aspiradora y hasta qué punto es difícil despegarlos. Observar qué tipo de contenedor se adhiere con más fuerza.

Fijar la parte de la aspiradora por donde sale el aire al suelo, horizontalmente
Colocar objetos delante del tubo y observar cómo se mueven:
– ¿Cuáles se propulsan más lejos?
– ¿Cuáles se propulsan más rápidamente?
– ¿Cuáles a penas se mueven?

Colocar la salida de aire hacia arriba verticalmente, enfocada al techo
Colocar objetos por encima del chorro de aire y observar cómo se desplazan:
– ¿Cuáles flotan más tiempo?
– ¿Cuáles no flotan en absoluto?

- ¿Cuáles ascienden más alto?
- ¿Cómo conseguir que se mantengan el máximo tiempo en el aire?

¿Qué otros aparatos se pueden utilizar para observar el desplazamiento de objetos?
- Ventiladores. (¡Cuidado! ¡No se meten los dedos entre las palas!).
- Secador de pelo. (Usar sólo aire frío).

N. B. **El uso de aparatos electrónicos requiere de la cuidadosa supervisión de personas adultas.**

MIS NOTAS:

PERMITE DESARROLLAR:
1. Razonamiento lógico
2. Organización espacial
3. Discriminación visual
3. Iniciativa

14

4

SOMBRAS CHINAS

Para experimentar: 👥 En grupo reducido

Materiales
- Gran sábana blanca (preferentemente) • Lámpara

Preparación del experimento

1. Escoger un sitio que se pueda oscurecer con facilidad.
2. Colgar una sábana blanca al menos a dos metros de una pared.
3. Instalar una lámpara en el centro, cerca de la pared.
4. Camuflar el cable todo lo posible para no enredarse en él.
5. Encender la lámpara sin pantalla, con la bombilla nada más.

Desarrollo del experimento

1. Todos los espectadores se sentarán al menos a un metro de la sábana.
2. Uno de los niños se meterá detrás de la sábana, entre ésta y la lámpara.
3. Moverse de manera que se vea la sombra proyectada en la sábana:
   - Cuanto más se acerque el niño a la lámpara, más grande se verá la sombra.
   - Cuanto más se acerque a la sábana, más se verá la sombra del mismo tamaño que el niño.
   - Hacerse lo más grande posible y lo más pequeño posible.

4. Adoptar diferentes posturas, hacer acrobacias, bailar, mover las diferentes partes del cuerpo, saltar, mover el pelo, desplazarse con una capa o con un sombrero, con grandes trozos de cartón para que parezcan brazos muy largos…
5. Experimentar, cada cual en su turno.

Variantes y sugerencias

– Colocar un objeto detrás de la sábana. Pedir a los niños que identifiquen el objeto, según su sombra.
– Colocar a una persona bien conocida por los niños detrás de la sábana: deberán identificar a dicha persona.
– Divertirse creando sombras entre dos o tres personas.

MIS NOTAS:

PERMITE DESARROLLAR:
1. Motricidad gruesa
2. Razonamiento lógico
3. Discriminación visual
4. Iniciativa
5. Creatividad en el movimiento
6. Organización espacial

5

JUEGO DE POMPAS

Para experimentar: 👤 Individualmente   👥 En grupo reducido

Materiales
- Jabón lavavajillas o líquido para pompas
- Piscina hinchable o palangana grande

EDAD SUGERIDA: A partir de 3 años

Preparación del experimento

1. Vaciar el jabón lavavajillas o el líquido para pompas en el recipiente, con agua.

Desarrollo del experimento

- Formar espuma en el agua del recipiente con los pies, las manos o con un palo…
- Divertirse haciendo espuma:
  - Con la parte derecha del cuerpo: mano, pie… Luego con el lado izquierdo.
  - Primero lentamente, luego con rapidez.
- Pedir a los niños que encuentren un objeto para hacer más espuma (prever un cajón con objetos diversos como cucharas, tenedores, espumaderas, pajitas, fiambreras…).

Pistas de discusión y razonamiento lógico:
- ¿Qué objeto es el más eficaz a la hora de hacer espuma en la palangana?
- ¿Qué pasa si se sopla sobre las pompas?
- ¿Qué pasa si no se tocan las pompas un rato?
- ¿Qué pasa si sostengo un grupo de pompas en la mano?
- ¿Qué pasa si pongo las burbujas en un lugar seco? ¿Y en un lugar mojado?
- ¿Qué pasa si tapo las pompas con un trozo de tela?

Variantes y sugerencias

Durante la actividad se pueden anotar los comentarios de los niños, sus preguntas, sus descubrimientos. Cuando la actividad se haya acabado, se leerán en voz alta las anotaciones. Luego permitiremos a los niños:
- Expresar verbalmente sus opiniones.
- Investigar para responder sus propias preguntas.
- Dibujar lo que hayan retenido del experimento.
- Retomar nuevamente el experimento para explorar más a fondo las dudas y encontrar respuestas prácticas a las preguntas que aún no tengan respuesta.

MIS NOTAS:	PERMITE DESARROLLAR:
	1. Motricidad gruesa
	2. Observación
	3. Coordinación
	4. Razonamiento lógico
	5. Noción espacial
	6. Rapidez

6

EL GRAN REMOLINO

Para experimentar: 👤 Individualmente   👥 En grupo reducido

Materiales
- Piscina hinchable

> **EDAD SUGERIDA: A partir de 3 años**

Preparación del experimento

1. Llenar de agua la piscina hinchable.

Desarrollo del experimento

- Si la piscina es grande, los niños pueden meterse dentro, alrededor de los bordes, corriendo en círculo para crear un remolino.
- Si la piscina es pequeñita, los niños meterán las manos y correrán alrededor de la piscina para formar el remolino.

Cuando el remolino ya se ha creado:
- Dejar caer objetos en la piscina y observar cómo reaccionan con el remolino.
- Meterse de pie en la piscina, con las piernas abiertas, para observar qué pasa con los objetos que caen dentro.
- Dejarse llevar por el remolino (si se cabe en la piscina).
- Sentarse delante del torbellino, dentro de la piscina, para notar la fuerza del agua contra el pecho, las manos, las piernas…

- Dejar caer objetos en el remolino e intentar atraparlos luego.
- Andar a contracorriente por la piscina.
- Dejar que los niños exploren diferentes maneras de jugar con el remolino.

Variantes y sugerencias

Durante la actividad se pueden anotar los comentarios de los niños, sus preguntas, sus descubrimientos. Cuando la actividad se haya acabado, se leerán en voz alta las anotaciones. Luego permitiremos a los niños:
- Expresar verbalmente sus opiniones.
- Investigar para responder sus propias preguntas.
- Dibujar lo que hayan retenido del experimento.
- Retomar nuevamente el experimento para explorar más a fondo las dudas y encontrar respuestas prácticas a las preguntas que aún no tengan respuesta.

MIS NOTAS:

PERMITE DESARROLLAR:
1. Motricidad global
2. Razonamiento lógico
3. Rapidez
4. Cooperación
5. Equilibrio
6. Coordinación de movimientos

7

SOPLAR EN EL AGUA

Para experimentar: 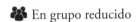 Individualmente 👥 En grupo reducido

Materiales
• Agua • Pajitas • Jabón líquido
(lavavajillas) • Contenedores de formas diferentes:
vasos, fiambreras, palanganas, piscina hinchable…

EDAD
SUGERIDA:
A partir de
3 años

Desarrollo del experimento

Soplar, con ayuda de una pajita, en el agua para hacer espuma.
- Utilizar pajitas de diferentes grosores.
- Practicar como actividad de cooperación: todos los niños soplarán al mismo tiempo en la palangana o piscina hinchable para producir una montaña de espuma lo más grande posible.

Desarrollo del experimento

Soplar con una pajita dentro del agua jabonosa. Hacer la mayor cantidad posible de espuma.
- Si se quiere, se puede añadir a la mezcla de agua con jabón unas gotas de pintura *gouache* o de colorante alimentario para dar colorido y enriquecer el experimento.

- Experimentar la misma actividad con otros líquidos: aceite vegetal, masa de pasteles (sin cocer, claro), salsas, zumos, leche…
- ¿Qué semejanzas y qué diferencias hay entre los líquidos y semilíquidos utilizados?

Sugerencias

- Si se hace este experimento en el interior de una casa, con contenedores pequeños, hay que prever que se derramará líquido. Colocar un mantel o hule bajo el contenedor.
- Durante la actividad, anotar comentarios, preguntas y descubrimientos de los niños.
- Una vez acabada la actividad, leer a los niños las anotaciones. Después, permitir que los niños:
  • Expresen verbalmente sus comentarios.
  • Dibujen lo que han retenido del experimento, según su propia experiencia.

MIS NOTAS:

PERMITE DESARROLLAR:
1. Razonamiento lógico
2. Capacidad para soplar
3. Coordinación
4. Cooperación (sentimiento de adhesión al grupo)

8

LA MARINA

Para experimentar: 👤 Individualmente 👥 En grupo reducido

Materiales
- Piscina hinchable • Barquitos de plástico
- Tiras de cordel de 30 cm • Figuritas de personajes
o de animales

EDAD SUGERIDA: A partir de 3 años

Desarrollo del experimento

Poner a flotar los barquitos en el agua. Divertirse así:
– Mirar cómo se mueven con el movimiento del agua. Observar y comentar.
– Observar los desplazamientos causados por el viento: dirección, velocidad…
– Soplar para hacerlos avanzar.
– Hacer remolinos u olas más o menos grandes.
– Hacer corrientes sobre el agua y observar el desplazamiento de los barcos.
– Tirar un objeto al agua: usar cosas de diferentes tamaños y pesos para ver qué pasa.

Variantes y sugerencias

Para los más mayores:
– Colocar las figuritas sobre los barquitos y ver qué pasa.

- ¿Flotan bien?
- ¿Cómo se deben colocar para que el barco mantenga el equilibrio?

Para los más pequeños:
- Atar un cordel de 30 cm a la punta de un barco.
- Divertirse conduciendo el barco.

MIS NOTAS:

....
....
....
....
....
....
....
....
....

PERMITE DESARROLLAR:
1. Motricidad global
2. Coordinación
3. Razonamiento lógico
4. Sentido de la observación
5. Atención y concentración

9

PLASTILINA INÚTIL

Para experimentar: 👤 Individualmente   👥 En grupo reducido

Materiales
- Plastilina

EDAD SUGERIDA: A partir de 3 años

Preparación del experimento

1. Repartir la plastilina en tantas partes como niños participen.
2. Meter los trozos de plastilina en el congelador varias horas.

Desarrollo del experimento

1. Proponer a los niños que jueguen con la plastilina.
2. Sacarla del congelador y dar un trozo a cada niño.
3. Dejar que los niños la manipulen y vean que está muy dura, que se rompe y que está inutilizada.
4. Preguntarles qué se puede hacer.
5. Dejar que los niños planteen sugerencias, posibilidades, hipótesis…
6. Intentar hacer lo que proponen los niños, en la medida de lo posible.
7. Buscar diferentes maneras de calentar la plastilina: con las manos, al sol, en agua caliente…
8. Comparar cómo se han ido calentando los diferentes trozos de plastilina.

9. Preguntar a los niños si conocen otros materiales parecidos, que cambien con el frío o el calor, como las plastilina.
10. Hacer experimentos con diferentes texturas según su temperatura, sobre todo con lo que ellos hayan propuesto, en la medida de lo posible.

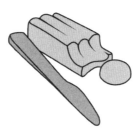

MIS NOTAS:

....
....
....
....
....
....
....
....

PERMITE DESARROLLAR:
1. Sentido de la observación
2. Discriminación táctil
3. Razonamiento lógico
4. Capacidad de expresión
5. Creatividad
6. Iniciativa

10

MANGUERA SONORA

Para experimentar: 👤👤 De dos en dos

Materiales
- Manguera de riego • 2 embudos

EDAD SUGERIDA: A partir de 3 años

Desarrollo del experimento

1. Meter un embudo en cada punta de la manguera.
2. Cada participante coge un extremo de la manguera.
3. Colocar a los niños lo más lejos posible entre sí.
4. Hablar a través del embudo mientras que el otro escucha.

Sugerencias

Buscar nuevas formas de explotar este teléfono nuevo:
- Hablar desde distintas habitaciones.
- Comunicarse de una planta a otra de la casa.
- Comunicarse desde dentro y fuera de la casa a través de una ventana.
- Irse delante y detrás de la casa.
- Probar con mangueras de diferentes longitudes.
- Aclarar lo que da mejores resultados.

MIS NOTAS:

....
....
....
....
....
....
....
....

PERMITE DESARROLLAR:

1. Sentido de la observación
2. Discriminación auditiva
3. Capacidad de experimentación
4. Cooperación
5. Atención
6. Organización espacial

11

BALSAS EQUILIBRADAS

Para experimentar: Individualmente   👥 En grupo

Materiales

- Platos o placas de porexpán • Trozos de hilo
de lana de 30 cm • Bañera o piscina hinchable
- Objetos diversos: granos de café, tapones de corcho,
alfileres, muñequitos pequeños, bloques de plástico
o de madera, piedrecitas, cochecitos…

**EDAD
SUGERIDA:
A partir de
3 años**

Desarrollo del experimento

**Dejar flotar el plato o placa de porexpán en el agua de la bañera o de la pis-
cina hinchable: ésa será la balsa.**

1. Colocar objetos encima de la balsa.
2. Ir añadiendo objetos hasta que la balsa naufrague.

Variantes

Atar un cordel de 30 cm a la balsa. Tirar de él suavemente evitando que se caiga
su cargamento.

¡Juegos divertidos!

- El arca de Noé: Llenar la balsa con figuritas de animales.
- El transbordador: Meter coches, motos, camiones, personas...
- El pesquero: Pescar objetos y dejarlos sobre la balsa pesquera.
- Hacer competiciones por equipos: Llenar las balsas lo máximo posible y ver quién naufraga antes.
- Mantener en equilibrio: Construcciones de bloques sobre las balsas.

MIS NOTAS:	PERMITE DESARROLLAR:
	1. Sentido del equilibrio
	2. Motricidad fina
	3. Coordinación
	4. Orientación espacial
	5. Atención
	6. Concentración
	7. Razonamiento lógico
	8. Cooperación
	9. Trabajo en equipo

12

SONIDOS QUE ATRAVIESAN OBJETOS

Para experimentar: 👤 Individualmente   👥 En grupo

Materiales

Según el experimento escogido:
- Tejidos y papeles variados, rollos de papel higiénico vacíos, papel de cocina, papel de embalar, embudos, botellas…

EDAD
SUGERIDA:
A partir de
3 años

Desarrollo del experimento

1.er Experimento - Colocarse diferentes objetos delante de la boca y hablarle a alguien situado a varios metros de distancia:
- Tejidos de diferente espesor.
- Papeles o cartones de diferente grosor.
- Diversos contenedores (plástico, metal, cartón, madera, cristal…).
- ¿Qué objetos dejan pasar mejor el sonido? ¿Cuáles lo empeoran?

2.º Experimento - Intentar hablar a través de objetos cilíndricos:
- Rollos de papel higiénico o de papel de cocina o de embalar.
- Cartulinas enrolladas de diferentes grosores.
- Tuberías de metal o mangueras.

3.ᵉʳ Experimento - Intentar hablar a través de objetos cónicos:

- Embudos.
- Botellas de plástico con la base cortada.

Sugerencias

- Hacer el experimento bajo las siguientes condiciones:
  - En el interior y en el exterior de la casa.
  - En tiempo sereno o con viento fuerte o tormenta.
  - Variando las distancias.
- Permitir a los niños expresar sus opiniones, sus comentarios, sus hipótesis… Animarlos a experimentar con otros objetos…

MIS NOTAS:

....
....
....
....
....
....
....
....

PERMITE DESARROLLAR:

1. Discriminación auditiva
2. Razonamiento lógico
3. Comprensión del mundo
4. Sentido de la observación
5. Memoria auditiva
6. Cooperación

13

VUELO AEROPLANO

Para experimentar: 👤 Individualmente 👥 Por turnos

Materiales
- Una pajita • Dos clips para papel • Papel • Celo

Fabricación del planeador

1. Cortar dos bandas de papel de 3 cm de ancho:
   - una de 15 cm de largo
   - otra de 25 cm de largo.
2. Doblar formando un círculo.
3. Pegar con celo.
4. Fijar ambas anillas a los extremos de una pajita, mediante dos clips para papel.

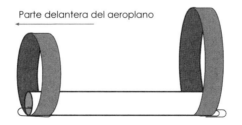

Parte delantera del aeroplano

Desarrollo del experimento

Divertirse lanzando el aeroplano (tanto dentro como fuera de casa).
Fijarse en que el círculo pequeño esté siempre delante.

Sugerencias

Intentar estos experimentos con el aeroplano:
– Variar la longitud de la pajita.
– Variar la longitud de los círculos.
– Variar la anchura de los círculos.
– Variar el grosor del papel utilizado.
– Encontrar la mejor combinación.
– Hacer carreras de aeroplanos: ¿cuál va más lejos? ¿Cuál vuela más alto?
– ¿Es más fácil que vuele en el exterior, con un poco de viento? ¿Mucho?

MIS NOTAS:
....
....
....
....
....
....
....
....

PERMITE DESARROLLAR:
1. Motricidad fina
2. Organización espacial
3. Coordinación
4. Razonamiento lógico
5. Sentido de la observación
6. Iniciativa

14

CAZA DEL TESORO DE LOS SENTIDOS

Para experimentar: 👤 Individualmente 👥 Por turnos

Materiales

• Perfume • Canela • Esencias diversas (salvo la de almendra porque es un alérgeno) • Jabón • Lápices • Papel • Libros • Cucharas • Ropa • Juguetes

EDAD SUGERIDA: A partir de 3 años

Preparación del experimento

1. Escoger ciertos objetos: lápices, papel, libros, cucharas, ropa, juguetes...
2. Ponerles perfume o canela, esencia aromática o frotarlos con jabón.

Desarrollo del experimento

1.ᵉʳ Experimento:

1. Hacer que los niños huelan el aroma escogido.
2. Pedirles que encuentren, entre todos los objetos, aquellos que tengan el olor que antes han olido.

2.º Experimento (cuando los niños ya hayan pasado la experiencia anterior):

3. Escoger una decena de objetos de la habitación e impregnar con el aroma escogido.

4. Pedir a los niños que busquen por toda la estancia los objetos que huelan al aroma elegido.
5. Proceder cada cual por turno, todos a la vez o en equipos de 2 o 3.

3.er Experimento:

1. Impregnar ciertos objetos exteriores con el aroma elegido.
2. Fijarse en los lugares donde se ha puesto el olor.
3. Pedir a los niños que busquen por todas partes las zonas que huelen al aroma escogido.

Variantes y sugerencias

— Esconder mensajes secretos (o dibujos) en los lugares que contienen el olor.
— Poner aromas diferentes en los objetos y hacer que los niños los clasifiquen.

MIS NOTAS:

....
....
....
....
....
....
....
....

PERMITE DESARROLLAR:
1. Motricidad global
2. Coordinación
3. Razonamiento lógico
4. Sentido de la observación
5. Atención y concentración

15

TEXTURA EN MOVIMIENTO

Para experimentar: 👤 Individualmente 👥 Por turnos

Materiales
- Fiambrera de plástico • Maicena • Agua

EDAD SUGERIDA: A partir de 3 años

Preparación del experimento

1. Medir una medida de agua por dos medidas de maicena (por ejemplo, ¼ de taza de agua por ½ taza de maicena).
2. Usar una fiambrera lo bastante grande para permitir la manipulación con los dedos.
3. Mezclar ambos ingredientes con las manos.
4. Añadir una cucharada de agua si fuera necesario, pero ojo, porque demasiada agua arruina el experimento.

Desarrollo del experimento

Divertirse amasando con las manos la masa espesa que forma en el fondo de la fiambrera. Observar:

– La masa se vuelve líquida, patina por los dedos, se hace hilos y luego se vuelve otra vez una masa espesa.

- Cuando la parte al aire se seca y se agrieta... también reacciona cuando la manipulamos.
- Dejar que los niños manipulen esta textura sorprendente, como lo harían con la plastilina.

Sugerencias

Imaginar experimentos distintos. ¿Qué pasa cuando...?:
- ¿Pongo esta masa sobre el papel?
- ¿Si me pinto las manos con esta mezcla, mediante un pincel?
- ¿Y si pongo más agua? ¿Y si pongo menos?
- ¿Y si añado unas gotas de colorante alimentario?
- ¿Qué pasa si dejo secar la masa sobre un papel? ¿Y si me la dejo en las manos?

Permitir a los niños:
- Dar sus opiniones, lanzar hipótesis, hacer comentarios...
- Sugerir nuevas posibilidades de experimentación...

MIS NOTAS:

PERMITE DESARROLLAR:
1. Sentido de la observación
2. Creatividad
3. Discriminación táctil
4. Capacidad de expresión
5. Discriminación visual
6. Atención
7. Iniciativa

16

PLASTILINA FLOTANTE

Para experimentar: 👤 Individualmente 👥 Entre varios

Materiales
• Plastilina • Contenedor grande: palangana, piscina hinchable, pila de la cocina…

EDAD SUGERIDA: A partir de 3 años

Desarrollo del experimento

1. Dejar caer la plastilina al agua y observar lo que pasa.
2. Cambiar la forma de la plastilina: bolas, galletas, churros…
   - ¿Se va al fondo o flota?
   - ¿Qué forma flota más?
   - ¿Cuál se hunde antes?
3. Amasar la plastilina para formar un recipiente hondo, como un cuenco, y echarlo al agua: ¿flota?
4. Experimentar con diferentes formas cóncavas y ponerlas a flotar:
   - En forma de barca, en forma cuadrada como una balsa, en forma redonda…
   - Hacer los bordes más y menos altos.
   - Con la plastilina más o menos gruesa…

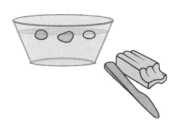

Variantes y sugerencias

Cuando se tenga práctica modelando formas que floten,
explorar la capacidad para flotar:
- Generar olitas.
- Generar un remolino.
- Meter un personaje de papel, o una figurita de plástico o cualquier cosa que ponga en juego la flotabilidad.
- Plantar una bandera o una vela (con un papel de fumar o una pajita con un triángulo de papel).
- Soplar para ver cómo se desplaza.

Explorar esta actividad con otros materiales:
- Masa de pizza.
- Galletas de arcilla.
- Masa de galletas.
- Barro.

MIS NOTAS:

PERMITE DESARROLLAR:
1. Razonamiento lógico
2. Precisión
3. Motricidad fina
4. Equilibrio
5. Coordinación
6. Sentido de la observación
7. Nociones de espacio
8. Atención

17

NADAR SIN GUARDAR LA ROPA

Para experimentar: 👤 Individualmente   👥 En grupo reducido

Materiales
- Piscina hinchable llena de agua • Ropa de recambio
- Toallas • Disfraces • Zapatos viejos

**EDAD SUGERIDA:
A partir de
3 años**

Desarrollo del experimento

1. Escoger el tipo de ropa que se quiere llevar: disfraces, la propia ropa, una bata…
2. Entrar en la piscina y mojarse por completo. La ropa debe quedar empapada.
3. Desplazarse por la piscina de diferentes formas…
4. Andar por la piscina con unos zapatos viejos…
5. Intentar quitarse la ropa mojada. Luego intentar vestirse con la ropa mojada…
6. Andar por los alrededores de la piscina, con la ropa mojada (asfalto, piedra, cemento…) dejando huellas.
7. Acabar la actividad escurriendo la ropa y tendiéndola en un tendedero.

Pistas de discusión y de razonamiento lógico

- ¿Qué pasa cuando nos bañamos con la ropa puesta?
- ¿Qué diferencia hay a cuando nos bañamos con bañador?

- ¿Es fácil moverse? ¿Es fácil andar?
- ¿Con qué ropa es más sencillo? ¿Y más difícil?
- Anotar los comentarios y los descubrimientos de los niños. Volver a la actividad haciendo que se fijen en lo que antes han comentado. Permitirles experimentar, opinar, lanzar hipótesis, cambiar impresiones…
- Prever un segundo experimento del mismo tipo para que los niños sigan profundizando en la investigación.

MIS NOTAS:

PERMITE DESARROLLAR:
1. Motricidad global
2. Equilibrio
3. Esquema corporal
4. Razonamiento lógico
5. Coordinación

18

MARIONETAS IMANTADAS

Para experimentar: 🧍 Individualmente　👥 Entre varios

Materiales
Revistas, catálogos, folletos… • Gran cartón rígido
• Cartulina • Clips para papel • Imanes
• Dos sillas

EDAD SUGERIDA:
A partir de 3 años

Fabricación del teatro de marionetas

1. Recortar en las revistas, catálogos y folletos fotos de:
   – Personas (niños, adolescentes, adultos, ancianos…)
   – Animales
   – Vehículos diversos…
2. Cortar rectángulos de cartulina de 2 x 3 cm.
3. Doblar las cartulinas en dos.
4. Pegar las imágenes recortadas en una de las caras (deben sostenerse de pie).
5. Pegar un clip detrás de las cartulinas dobladas: éstos son los personajes.
6. Colocar el cartón rígido de manera que los lados se apoyen con un par de sillas, como un escenario.
7. Disponer los personajes delante del cartón.

Desarrollo del experimento

– Divertirse moviendo los personajes con imanes por detrás del cartón (los imanes se pegarán a los clips).
– Inventarse historias, diálogos…

Sugerencias

– Animar a los niños a dibujar diferentes personajes, cuando ya sean capaces.
– Embellecer la decoración añadiendo casas, árboles, flores…

MIS NOTAS:	PERMITE DESARROLLAR:
	1. Motricidad fina
	2. Lateralidad
	3. Autonomía
	4. Organización espacial
	5. Concentración
	6. Lenguaje
	7. Coordinación ojo/mano
	8. Razonamiento lógico
	9. Creatividad

19

TRENECITO IMANTADO

Para experimentar: 👤 Individualmente 👥 En grupo reducido

Materiales

Clips para papel • Imanes • Gran cartón rígido • Lápiz marcador • Dos sillas

EDAD SUGERIDA: A partir de 3 años

Preparación del experimento

1. Dibujar, sobre el cartón rígido, con el lápiz marcador, una vía de tren.
2. Unir una decena de clips entre sí.
3. Instalar el cartón con la vía dibujada sobre el respaldo de dos sillas.

Desarrollo del experimento

1. Colocar el trenecito de clips sobre la vía dibujada en el cartón.
2. Usar un imán, colocado bajo la vía, para mover el tren.

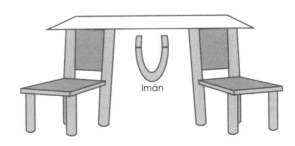

Imán

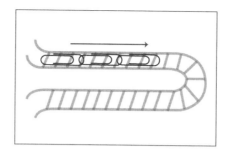

Sugerencias

- Crear paisajes de montañas, de casas, de arboledas… para colocar alrededor de la vía del tren.
- Imaginar una vía férrea con diferentes desvíos.
- Permitir a varios niños desplazar sus trenes al mismo tiempo ¡evitando accidentes!

MIS NOTAS:

PERMITE DESARROLLAR:
1. Coordinación ojo/mano
2. Precisión
3. Motricidad fina
4. Organización espacial
5. Concentración
6. Razonamiento lógico
7. Cooperación
8. Creatividad

20

MEZCLAS EN SUSPENSIÓN

Para experimentar: 👤 Individualmente   👥 En grupo reducido

Materiales

Tierra • Sal • Pimienta • Perejil picado • Gravilla • Grava • Vasos transparentes • Agua • Cucharas

EDAD SUGERIDA: A partir de 3 años

Desarrollo del experimento

1. Darle a cada niño un vaso de agua lleno a ¾.
2. Tomarse unos minutos para comparar todos los materiales y anotar observaciones.
3. Cada cual escogerá una sustancia diferente.
4. Dejar caer la sustancia escogida en el vaso y observar qué ocurre.
5. Mezclar el contenido del vaso con una cuchara y observar de nuevo.
6. Permitir a los niños intercambiarse los vasos para observar cada sustancia.
7. Intentar establecer conexiones entre las diferentes observaciones. ¿Qué sustancia se queda flotando en el agua? ¿Cuáles están en suspensión? ¿Y cuáles se quedan en el fondo?

Sugerencias

– Utilizar las palabras «soluble», «insoluble» y «disolverse».
– Clasificar los ingredientes según sean solubles o insolubles.

– Fijarse que ciertos ingredientes pueden verse alterados sin estar totalmente disueltos. ¿Cómo clasificaremos dichos ingredientes? Pedir a los niños que busquen una solución.

– Dejar reposar los ingredientes en el agua un rato. ¿Qué les pasa? ¿Hay cambios? ¿Cuáles?

– Permitir a los niños seguir con el experimento buscando ingredientes diferentes a los que han estado usando con este experimento.

MIS NOTAS:

PERMITE DESARROLLAR:
1. Sentido de la observación
2. Razonamiento lógico
3. Discriminación visual
4. Capacidad para expresarse
5. Organización espacial
6. Adquisición de nuevo vocabulario
7. Memoria visual
8. Motricidad fina
9. Concentración
10. Iniciativa

21

FILTRACIONES

Para experimentar: 👤 Individualmente   👥 Entre varios

Experimentar después de haber realizado el experimento precedente: «Mezclas en suspensión».

Materiales

Recipientes transparentes • Ingredientes diversos:
sal, azúcar, arena, harina, césped, aceite, tierra...
• Objetos para mezclar: cucharas de diferentes tamaños,
varillas, espátula, tenedor... • Tamiz o filtros de café
• Trozos de telas variadas

EDAD SUGERIDA: A partir de 3 años

Desarrollo del experimento

1. Mezclar cada ingrediente con agua, en cada recipiente.
2. Mezclar bien con algún objeto útil para ello.
3. Filtrar las diferentes mezclas con ayuda de:
   - Un tamiz
   - Un trozo de tela de algodón
   - Filtros de café
4. Observar el resultado de los diferentes medios de filtración escogidos. ¿Cuál es más eficaz? ¿Cuál lo es menos? ¿Por qué?

49

Animar a los niños a hacer comentarios, a dar sus opiniones, a lanzar hipótesis…

1. Establecer una clasificación de los resultados obtenidos (eficaz, un poco eficaz, ineficaz…).
2. Filtrar las mezclas con:
   - Diferentes tipos de tejido.
   - Diferentes tipos de papel (de cocina, pañuelos de papel…).

MIS NOTAS:

PERMITE DESARROLLAR:
1. Motricidad fina
2. Coordinación
3. Discriminación visual
4. Concentración
5. Razonamiento lógico
6. Lenguaje

22

PERMEABLE/IMPERMEABLE

Para experimentar:  Individualmente   En grupo reducido

Materiales

Papel y cartón de todo tipo • Tejidos de todo tipo
• Tamiz • Pila, lavabo o piscina hinchable

EDAD SUGERIDA: A partir de 3 años

Desarrollo del experimento

Objetivo: Comprender y experimentar las nociones de «permeable» e «impermeable».

1. Explicar los términos que se van a trabajar:
   – Permeable: Que deja pasar el agua.
   – Impermeable: Que no deja pasar el agua.
2. Colocar los papeles o tejidos escogidos en un tamiz, de forma que el papel o la tela adopte la forma del tamiz.
3. Hacer pasar el agua por el tamiz, sobre el papel o tela escogidos.
4. Observar:
   – ¿El agua los atraviesa?
   – ¿Es el papel o tela escogido permeable o impermeable?
   – ¿El agua pasa rápida o lentamente?
5. Permitir a los niños seguir el experimento con una buena cantidad de materiales variados. Animarlos a verbalizar sus descubrimientos, a expresar sus opiniones y sus hipótesis.

Sugerencias

- Llevar a cabo el mismo tipo de experimento paseando bajo la lluvia, colocando los papeles y telas sobre la cabeza.
- Establecer una clasificación de los diferentes materiales según sean permeables o impermeables.
- Tras el experimento precedente: identificar los materiales adecuados para hacer un paraguas.
- Hacer paraguas caseros con materiales impermeables identificados tras el experimento bajo la lluvia.

MIS NOTAS:
....
....
....
....
....
....
....

PERMITE DESARROLLAR:
1. Razonamiento lógico
2. Lenguaje
3. Comprensión
4. Iniciativa

23

CÍRCULOS EN EL AGUA

Para experimentar: Individualmente 👥 Entre varios

Materiales
- Piscina hinchable llena de agua • Guijarros
- Objetos pequeños: llaves, monedas, tapones de corcho, tapones de plástico

EDAD SUGERIDA: A partir de 3 años

Desarrollo del experimento

1. Lanzar un guijarro al agua.
2. Observar los círculos concéntricos producidos por la piedrecita.
3. Fijarse en que los círculos son cada vez más grandes.
4. Divertirse contando los círculos producidos por cada piedra.

Variantes y sugerencias

Lanzar diferentes objetos al agua y observar qué pasa con cada uno de ellos.
- Las olas creadas por el objeto que entra en el agua ¿son más o menos fuertes?
- ¿Son más o menos numerosas?
- ¿Los objetos que caen al fondo del agua hacen más o menos ondas que los objetos que se quedan flotando?

- ¿Qué pasa si metemos la mano en uno de los círculos?
- Dejar caer al agua un objeto largo (un cuchillo o una cuchara): ¿se siguen produciendo círculos?
- Meter un dedo en el agua…, luego un pie…, la punta de un palo…, ¿qué pasa?

MIS NOTAS:

PERMITE DESARROLLAR:
1. Razonamiento lógico
2. Capacidad para expresar opiniones y lanzar hipótesis
3. Concentración
4. Sentido de la observación
5. Aprender a contar
6. Discriminación visual

24

PINTAR LOMBRICES

Para experimentar: 👤 Individualmente 👥 En grupo

Materiales

• Colores *gouache* • Un rollo de papel • Lombrices de tierra

EDAD SUGERIDA:
A partir de 3 años

Desarrollo del experimento

1. Salir en busca de lombrices de tierra. Tras una noche de lluvia se cazan con facilidad.
2. Sumergir las lombrices en la pintura.
3. Colocarlas sobre el papel extendido como una carretera.
4. Observar cómo se desplazan creando sus propios diseños.
5. Enjuagar las lombrices y devolverlas al bosque.

Sugerencias

– Enseñar a los niños a respetar los animales y no maltratarlos.
– Realizar el experimento en el exterior, en la medida de lo posible.
– Observar de qué manera se desplazan las lombrices.

N. B. Este experimento requiere de destreza y delicadeza para no herir a las lombrices.

MIS NOTAS:	PERMITE DESARROLLAR:

MIS NOTAS:

PERMITE DESARROLLAR:
1. Observación
2. Razonamiento lógico
3. Respeto por la naturaleza

25

OBJETOS QUE CRECEN

Para experimentar: 👤 Individualmente   👥 En grupo reducido

Materiales
* Imagen o dibujo (para el segundo experimento)

EDAD SUGERIDA: A partir de 3 años

Desarrollo del experimento

1.ᵉʳ Experimento:

1. Colocar a los niños a 2 metros de distancia del centro de una pared de casa, frente al edificio.
2. Preguntarles si son capaces de ver la casa entera, sin mover la cabeza.
3. Preguntarles: «¿Qué hace falta para ver el edificio entero?».
4. Permitir a los niños expresarse y buscar soluciones, dar sus opiniones…
5. Pedir a los niños que reculen 10 pasos y vuelvan a observar la casa. ¿Ahora la ven entera? ¿Ven más que antes? Dejar que se sigan expresándose sobre lo que acaban de comprobar.
6. Recular 10 pasos más y observar qué más alcanzan a ver que antes no veían: el cielo, los árboles, la calle…
7. Preguntar a los niños: «¿Se ve la casa más pequeña cuanto más nos alejamos?». «¿Parece más grande cuando nos acercamos?». «¿La casa crece o mengua según nos acercamos o alejamos?».

1. Fijar una imagen o dibujo en una pared exterior de la casa.
2. Pedir a los niños que observen bien el dibujo y que luego se alejen hasta que ya no lo vean.
3. Hacerles preguntas sobre lo que ha pasado.
   - ¿Ha menguado el dibujo?
   - ¿Por qué ya no se ve el dibujo?
4. Volver a empezar el experimento pidiendo que un niño permanezca al lado del dibujo.
   - Preguntarle al niño que está al lado del dibujo si lo ve bien. ¿Es más pequeño?
   - Preguntar al resto de niños: «¿Cómo es que vemos el dibujo más pequeño si sigue siendo del mismo tamaño, como dice el compañero?».
   - Dejar que los niños lancen hipótesis, opiniones, comentarios… Dejarles reflexionar.
   - Intentar llevar a cabo las experiencias que ellos propongan en la medida de lo posible.

MIS NOTAS:

PERMITE DESARROLLAR:
1. Razonamiento lógico
2. Capacidad para expresarse
3. Organización espacial
4. Cooperación
5. Discriminación visual
6. Iniciativa
7. Memoria visual
8. Creatividad

26

PERSONAS QUE CRECEN

Para experimentar: 👤 Individualmente   👥 En grupo reducido

Materiales
• Ninguno

EDAD SUGERIDA: A partir de 3 años

Desarrollo del experimento

1. Escoger 3 niños de la misma altura.
2. Preguntar a los demás cuál es el más alto y cuál el más bajo… Luego hacerles notar que son los 3 iguales.
3. Colocar al primero a 20 metros del grupo, el segundo a 10 metros y el tercero a 2 metros del grupo.
4. Si no se consiguen 3 niños de la misma altura, colocar el más alto lo más lejos posible.
5. Preguntar al grupo de observadores:
   – ¿Qué niño parece más alto? ¿Cuál parece más bajo?
   – Recordar al grupo que todos los niños son iguales.
   – ¿Qué les ha pasado?
6. Dejar que los niños discutan el tema, que reflexionen, que opinen…
7. Seguir el experimento pidiéndole al niño más alejado que se acerque hasta el que esté en el centro.
8. Hacer observar al grupo que el último compañero parece crecer cuando se acerca.
9. Seguir modificando la posición de los tres niños.

Sugerencias

Hacer el mismo experimento:

- Utilizando 3 objetos idénticos.
- Utilizando 2 objetos, uno grande y otro pequeño. Colocar el grande muy lejos y el pequeño más cerca. Comparar la apariencia de ambos objetos.

MIS NOTAS:	PERMITE DESARROLLAR:
	1. Razonamiento lógico
	2. Capacidad para expresarse
	3. Organización espacial
	4. Cooperación
	5. Discriminación visual
	6. Memoria visual
	7. Iniciativa
	8. Atención

27

COCHES QUE CRECEN

Para experimentar: 👤 Individualmente   👥 En grupo reducido

Materiales
• Ninguno

EDAD SUGERIDA: A partir de 3 años

Desarrollo del experimento

1.er Experimento: salir de paseo con los niños:

1. Escoger un coche aparcado en la calle para que los niños se fijen en él con toda atención.
2. Observar sus detalles: tamaño, color…
3. Recorrer unos cuantos metros y mirarlo de nuevo: ¿qué cambios se observan?
4. Seguir el paseo y darse la vuelta a diferentes distancias para observar los cambios que observan nuestros ojos.
5. Pedir a los niños si creen que el coche se ha empequeñecido.
6. Cuando se vuelve del paseo, se observa cómo el coche se va agrandando a medida que nos acercamos.

Variar el experimento observando casas, árboles… Divertirse observando las cosas crecer y menguar según nos acercamos y nos alejamos. Animar siempre a los niños a expresarse, a opinar y a hacer comentarios según lo que van comprendiendo.

1. Mirar los coches y los camiones por la carretera, a lo lejos.
2. Hacer que los niños vean que, de lejos, parecen de juguete.
3. Comparar con juguetes que habremos llevado:
   - Colocar un juguete delante de los ojos, al lado de los coches que se ven a lo lejos.
   - Comparar las dimensiones aparentes.
4. Mirar cómo se acercan los coches, observar cómo se van haciendo grandes cuando se acercan y cómo vuelven a menguar cuando nos sobrepasan.
5. Preguntar a los niños: «¿Cabrías tú en un coche tan pequeñito como aquél a lo lejos?». O «¿Cómo consiguen los coches crecer tanto en un momento?». Dejar que expresen sus ideas.

MIS NOTAS:

PERMITE DESARROLLAR:
1. Razonamiento lógico
2. Organización espacial
3. Memoria visual
4. Capacidad para expresarse
5. Discriminación visual
6. Atención

28

PAPEL FRÁGIL

Para experimentar: 👤 Individualmente   👥 En grupo reducido

Materiales

- Diferentes tipos de papel y cartón
- Palangana o recipiente grande • Agua
- Varillas de batir manualmente

EDAD SUGERIDA: A partir de 3 años

Desarrollo del experimento

1. Observar cada tipo de papel que tengamos para el experimento:
   - Papel higiénico, pañuelos de papel, papel de soja, papel de embalar, papel charol, periódico, papel de cocina…
   - Cartón, cartulina, cajas de zapatos…
2. Tirar de ellos con las manos para comprobar su resistencia. Intentar destrozarlos.
3. Averiguar cuáles son más resistentes y cuáles menos…
4. Meterlos en agua y ver las diferentes circunstancias que se crean según el tipo de papel.

1.er Experimento:

- Mojar el papel o cartón durante unos segundos.
- Retirar del agua y observar la facilidad con la que se rompe.

2.º Experimento:

- Dejar reposar el papel o el cartón en agua varios minutos.
- Remover con una cuchara, con varillas, con un tenedor…
- Observar cómo reacciona cada material utilizado.

3.er Experimento:

- Dejar el papel o cartón reposando en el agua horas o un día entero.
- Retirar el agua y cogerlo con las manos para observar cómo se deshace.

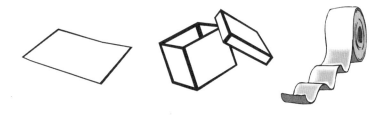

Sugerencias

Permitir que los niños exploren diferentes materiales en grupos reducidos. Animarlos a:

- Expresar sus opiniones, sus comentarios…
- Multiplicar los experimentos utilizando papeles y cartones diferentes…
- Inventar diferentes formas de experimentar con la resistencia del papel y el cartón.

MIS NOTAS:
....
....
....
....
....
....
....
....

PERMITE DESARROLLAR:
1. Razonamiento lógico
2. Creatividad
3. Discriminación visual
4. Cooperación
5. Memoria visual
6. Iniciativa
7. Organización espacial
8. Capacidad para expresarse

29

PAPELES Y TEJIDOS MOJADOS

Para experimentar: 👤 Individualmente   👥 Entre varios

Materiales
• Diferentes tipos de papel y cartón • Diferentes tejidos • Pila, lavabo, palangana o piscina hinchable

EDAD SUGERIDA: A partir de 3 años

Desarrollo del experimento

1.er Experimento:

1. Mojar tres trozos de papel idénticos.
2. Tender uno en el interior, otro en el exterior a la sombra y el tercero en el exterior al sol.
3. Fijarse en cuál se seca más rápido… Y cuál más lentamente.

Variantes:

– Repetir el experimento con tres trozos de tela idénticos.
– Seguir los pasos 2 y 3 tendiendo las telas de igual forma.

2.º Experimento:

1. Mojar trozos de papel o de cartón diferentes.
2. Tenderlos en el interior, fuera a la sombra y fuera al sol.
3. Observar qué trozos se secan antes y qué trozos tardan más.

3.er Experimento:

1. Escoger trozos de papel idénticos: reservar uno y mojar el otro.
2. Romper el trozo mojado suavemente, sin deshacerlo.
3. Luego tenderlo para que se seque.
4. Después, comparar ambos trozos de papel: el que se reservó en seco y el que se mojó. ¿Hay diferencias de color? ¿Hay diferencias de textura? ¿Alguna cosa diferente?

Variantes y sugerencias

– Repetir la misma experiencia con diferentes tipos de papel o cartón y con trozos de telas variadas.
– ¿Las diferencias son las mismas?
– Animar a los niños a hacer comentarios, dar su opinión, lanzar hipótesis…

MIS NOTAS:
....
....
....
....
....
....
....
....

PERMITE DESARROLLAR:
1. Razonamiento lógico
2. Iniciativa
3. Comprensión
4. Lenguaje
5. Discriminación visual

30

GLOBO VIAJERO

Para experimentar: 👤 Individualmente 👥 En grupo reducido

Materiales

- 2 sillas • Hilo grueso • 1 pajita • 1 globo
- 1 aguja grande de plástico • Celo

EDAD SUGERIDA: A partir de 3 años

Desarrollo del experimento

1. Conseguir unos metros de hilo grueso.
2. Ensartar el hilo en la aguja grande.
3. Pasar el hilo por la pajita.
4. Atar los extremos del hilo a sendas sillas.
5. Alejar las sillas hasta que el hilo quede tenso. Cuidado con no romper nada.
6. Hinchar el globo y agarrar la punta para que no se deshinche, sin atarlo.
7. Pegar el globo a la pajita con celo.
8. Colocar el globo pegado a la pajita en un extremo del hilo y soltarlo. ¡Mira cómo corre solo!

Variantes y sugerencias

– Volver a hacer el experimento hinchando más o menos el globo y observar las diferencias.

– Permitir a los niños expresar sus opiniones, hacer comentarios y lanzar sus hipótesis.
– Colocar la mano en la salida de aire para notar la fuerza de escape del globo.

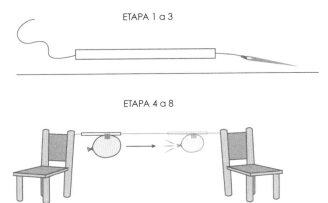

ETAPA 1 a 3

ETAPA 4 a 8

MIS NOTAS:

PERMITE DESARROLLAR:
1. Razonamiento lógico
2. Comprensión del mundo
3. Capacidad para expresarse
4. Organización espacial
5. Sentido de la observación

31

GLOBOS PEGAJOSOS

Para experimentar: 👤 Individualmente   👥 En grupo reducido

Materiales

• Globos • Tejido impregnado de suavizante
para ropa

EDAD
SUGERIDA:
A partir de
3 años

Preparación del experimento

1. Inflar tantos globos como niños haya en el experimento.

Desarrollo del experimento

Experimentar las diferentes formas de electricidad estática:

1. Frotar el globo contra el cabello.
2. Acercarlo a una pared.
3. Frotar el globo con una tela impregnada en suavizante y volverlo a poner contra la pared. ¿El resultado es el mismo?
4. Frotar el globo bastante rato contra el pelo, por todas partes. ¿Qué le pasa ahora al pelo?

Tras haber frotado el globo en el pelo, explorar otras posibilidades:

– Poner el globo cerca de un papel de seda.
– Colocarlo cerca de un paño para el polvo.

- Intentarlo con diferentes tejidos (sobre todo sintéticos).
- Con bolsas de plástico…
- Mojar el globo, secarlo después. ¿Tiene las mismas propiedades?

Variantes y sugerencias

- Frotar el globo contra la alfombra o un jersey de lana, en lugar de sobre el pelo.
- Intentar frotarlo en diferentes superficies de textura diversa y observar.
- Reciclar una bolsa de plástico:
  • Cortarla en bandas o en cuadrados.
  • Frotar los trozos contra el pelo y repetir el experimento anterior.

Hacer el experimento:
- En el interior, en invierno, en días muy fríos.
- En el interior, en verano, en días muy húmedos.
- Comparar los resultados.

MIS NOTAS:

PERMITE DESARROLLAR:
1. Sentido de la observación
2. Razonamiento lógico
3. Discriminación visual
4. Atención
5. Iniciativa

32

EXPERIMENTOS CON PIMIENTA

Para experimentar: 👤 Individualmente   👥 En grupo reducido

Materiales
- Sal • Pimienta • Diferentes especias • Peine
- Vaso • Jabón

EDAD SUGERIDA: A partir de 3 años

Desarrollo del experimento

1.er Experimento:

1. Mezclar sal y pimienta en una superficie plana.
2. Preguntarse: «¿Cómo puedo, ahora, separar la sal de la pimienta?».
3. Dejar que los niños se expresen, que lancen hipótesis y hagan comentarios.
4. Pedir a un niño que aguante un peine por un extremo y que lo pase sobre la sal y la pimienta.
5. Observar qué pasa.
6. Pedirle al niño que se peine varias veces y repita la acción.
7. Observar de nuevo.
8. Permitir a los niños que hagan comentarios, que opinen y que hipoteticen.

Fijarse en que peinarse crea electricidad estática. Es importante, en la primera parte del experimento, que el peine no esté cargado de electricidad estática. Lavarlo bien con agua fría y secarlo perfectamente para que el experimento salga bien.

2.º Experimento:

1. Llenar un vaso de agua.
2. Echar pimienta en la superficie del agua.
3. Echar una pastilla de jabón o verter una gotita de lavavajillas en el agua.
4. Observar…Comentar…
5. Realizar experimentos diferentes:
   – Espolvoreando la superficie con otras especias.
   – Clasificando las especias según se alejen o no del jabón.

Lavar bien los recipientes entre experimentos o usar recipientes distintos.

N. B. **La pimienta es irritante para los ojos y la nariz; manipular con mucha precaución.**

MIS NOTAS:

....
....
....
....
....
....
....
....

PERMITE DESARROLLAR:
1. Sentido de la observación
2. Discriminación visual
3. Clasificación
4. Capacidad para expresarse
5. Razonamiento lógico
6. Iniciativa

33

BÚSQUEDA DE EQUILIBRIO

Para experimentar: 👤 Individualmente 👥 En grupo reducido

Materiales
- Libro de tapas blandas
- Dos sujetalibros (o dos o tres libros gordos)

EDAD SUGERIDA: A partir de 3 años

Desarrollo del experimento

1. Colocar el libro de tapas blandas verticalmente, entre dos sujetalibros. Verificar que quede perfectamente vertical.
2. Pedir a los niños que intenten colocar objetos sobre el libro (es decir, sobre las hojas mismas que quedan en la parte superior del libro). Se puede empezar por reglas, cucharillas, lápices, platos de plástico, otros libros…
3. Preguntar a los niños, según su experiencia, qué objetos pueden mantenerse en equilibrio sobre el libro.

Sugerencias

- Variar el grosor del libro, empezando por uno grueso y acabando por el más delgado que haya en casa.
- Buscar otras superficies que puedan reemplazar el libro para que los objetos puedan mantener el equilibrio: dosieres, un dedo…

– Clasificar los objetos según mantengan el equilibrio o no.
– Divertirse en el exterior buscando materiales naturales que puedan mantenerse en equilibrio: ramas, hojas, piedras, plumas…
– Explorar las diferentes posibilidades, individualmente o en equipos de 2 o 3 participantes.

Juego psicomotor

1. Mantener un libro vertical sobre la mano.
2. Pedir a alguien que añada un objeto en equilibrio.
3. Desplazarse el mayor tiempo posible sin que el objeto se caiga.
4. Retomar el experimento con un solo dedo.
5. Hacer carreras entre diferentes participantes.

MIS NOTAS:	PERMITE DESARROLLAR:
	1. Motricidad fina
	2. Coordinación
	3. Razonamiento lógico
	4. Iniciativa
	5. Cooperación
	6. Discriminación visual
	7. Organización espacial
	8. Autonomía

34

COLORES QUE DESAPARECEN

Para experimentar: 👤 Individualmente 👥 En grupo reducido

Materiales
- Cartulina de diferentes colores
- Celo o goma adhesiva

EDAD SUGERIDA:
A partir de 3 años

Preparación del experimento

1. Escoger 5 cartulinas de colores oscuros y diferentes.
2. Cortar cada cartulina en 6 trozos.

Desarrollo del experimento

1.ª Parte:
1. Coger tres hojas de cartulina del mismo color.
2. Superponer las 3 hojas y colocarlas al sol, cerca de una ventana.
3. Colocar un bote o cualquier objeto en mitad de las hojas.
4. No tocarlas durante varios días.
5. Después, retirar el objeto de las cartulinas: ¿qué se observa?
6. Comparar la primera hoja (expuesta al sol) con las dos restantes que estaban debajo de ella. Percibir el cambio de color.
7. ¿Qué ha pasado? Permitir a los niños que expresen sus opiniones, hagan comentarios, aporten hipótesis…

2.ª Parte:

1. Coger las cartulinas cortadas.
2. Colocar un trozo de cada color dentro de un tarro cerrado.
3. Pegar un trozo de cada color en distintos lugares de una habitación.
4. Procurar que los niños los cuelguen cerca de ventanas.
5. Tras varios días, sacar las cartulinas de los tarros y compararlos con los trozos colgados de las paredes.
6. Observar diferencias y semejanzas. ¿Dónde estaban los trozos de cartulina que más han cambiado de color?
7. Trasladar la discusión a los niños, que intercambien opiniones, lancen hipótesis, aporten soluciones…

Variantes y sugerencias

Experimentar con diferentes tipos de papel o cartón y colores distintos.

MIS NOTAS:

PERMITE DESARROLLAR:
1. Sentido de la observación
2. Capacidad para expresarse
3. Razonamiento lógico
4. Cooperación
5. Discriminación visual
6. Iniciativa

35

CARRERA DE NIEVE FUNDIDA

Para experimentar: 👤 Individualmente   👥 En grupo reducido

Materiales

- Platos de aluminio o de plástico • Vasos de plástico
- Sal (de mesa o sal gorda o escamas de sal • Azúcar
- Arena • Tenedor o la punta de un lápiz • Nieve

EDAD SUGERIDA: A partir de 3 años

Desarrollo del experimento

1. Perforar agujeritos, con un tenedor o la punta de un lápiz, en la base de los vasos de plástico.
2. Llenar los vasos con una buena cantidad de nieve, apretándola.
3. Colocar cada vaso en un plato para que el agua vaya goteando.
4. Preguntar a los niños si creen que hay algún modo de conseguir que la nieve se funda con mayor rapidez…
5. Dejar que den su opinión, que aporten comentarios e hipótesis… Algunos quizás sepan la respuesta.
6. Sugerirles que añadan diferentes productos por la superficie de la nieve y que observen qué pasa.
7. Verter:
   - En el primer vaso, sal de mesa.
   - En el segundo, sal marina.

- En el tercero, sal gorda.
- En el cuarto, azúcar.
- En el quinto, arena.
- En el sexto, nada de nada: será el vaso testigo.

8. Observar: ¿en qué vaso se funde la nieve con mayor rapidez? ¿Y más lentamente?

9. Volver a la conversación anterior. ¿Alguien tiene ya una respuesta? ¿Qué podemos añadir? ¿Qué hemos descubierto de nuevo?

Variantes y sugerencias

Espolvorear con sal la nieve o el hielo del exterior de la casa y observar qué pasa:

- Sobre nieve polvo.
- Sobre nieve embarrada.
- Sobre nieve dura.
- Sobre hielo.

Proseguir la conversación discutiendo sobre los nuevos elementos observados.

MIS NOTAS:

PERMITE DESARROLLAR:
1. Sentido de la observación
2. Discriminación visual
3. Razonamiento lógico
4. Capacidad para expresarse

36

FRUTA Y VERDURA OLVIDADA

Para experimentar: 👤 Individualmente 👥 En grupo reducido

Materiales
- Diferentes frutas y verduras • Cuchillo pequeño
- Papel encerado

EDAD SUGERIDA:
A partir de 3 años

Desarrollo del experimento

1.er Experimento:

1. Escoger dos o tres frutas distintas y dos o tres verduras diferentes.
2. Procurarse tres ejemplares de fruta y de verdura.
3. Guardar una pieza de cada en la nevera.
4. Poner otra pieza de cada sobre papel encerado, dentro de una fiambrera a temperatura ambiente.
5. Colocar las últimas piezas a pleno sol.
6. Observar los cambios que se producen en las horas siguientes… en los días siguientes…
7. Observar los cambios acaecidos: de color, de textura, de olor…
8. ¿Qué frutas han madurado antes? ¿Y después? ¿Y las verduras?
9. Tirar la fruta y la verdura conforme se vayan pudriendo.

2.º Experimento:

1. Cortar un trozo de una fruta y de una verdura: rodajas de plátano, cuartos de manzana, de melocotón o de pera, trozos de patata, rodajas de zanahoria, rodajas de pepino…

2. Experimentar como en el experimento precedente.
3. Comparar la fruta y la verdura guardada en la nevera con los trozos de los tarros y con los expuestos al sol.

Variantes y sugerencias

- Repetir el experimento con frutas y verduras diferentes.
- Comparar los diferentes resultados obtenidos.

MIS NOTAS:

PERMITE DESARROLLAR:
1. Sentido de la observación
2. Comprensión del mundo
3. Discriminación visual
4. Memoria visual
5. Capacidad para expresarse
6. Orientación temporal

37

DEJAR HUELLAS SOBRE TELA

Para experimentar: 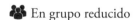 Individualmente   En grupo reducido

Materiales
- Varios trozos de tela blanca o de color claro
- Jabón líquido o en pastilla • Varios recipientes pequeños • Diferentes sustancias

EDAD SUGERIDA: A partir de 3 años

Desarrollo del experimento

El objetivo del experimento consiste en constatar que ciertas sustancias no son lavables y que manchan.

1. Reunir diferentes sustancias: césped u hojas, café, cacao, fresas, arándanos, zumo de uva, mostaza, kétchup…
2. Ensuciar dos trozos de tela blanca con cada una de las sustancias:
    - Frotando el césped o las hojas contra la tela…
    - Derramando café o cacao encima, estrujando fresas o arándanos, echando zumo por encima o mostaza o kétchup…

Experimentar de 2 formas:
3. Primero, lavar el primer trozo de tela inmediatamente después de haberlo ensuciado, experimentando las diferentes posibilidades de lavado:
    - Poner en remojo.

- Lavar con agua frotando.
- Lavar con agua y detergente frotando.

4. En segundo lugar, dejar secar el otro trozo de tela sucia durante varias horas o todo un día, para lavarlo luego con las anteriores posibilidades.

Variantes y sugerencias

- Experimentar con otras sustancias sugeridas por los niños.
- Clasificar las sustancias según su capacidad para manchar.
- Permitir a los niños expresar sus opiniones, hacer comentarios, lanzar hipótesis y proponer nuevos experimentos.

MIS NOTAS:

PERMITE DESARROLLAR:
1. Sentido de la observación
2. Comprensión del mundo
3. Razonamiento lógico
4. Clasificación
5. Motricidad fina
6. Organización temporal
7. Discriminación visual
8. Autonomía
9. Capacidad para expresarse
10. Iniciativa

38

MEZCLAS INCOMPATIBLES

Para experimentar: 👤 Individualmente   👥 En grupo reducido

Materiales
* Diferentes tipos de materias grasas: aceite, mantequilla, grasa, margarina, aceite corporal…
* Agua • Recipientes transparentes (idealmente vasos)
* Cucharas

EDAD SUGERIDA: A partir de 3 años

Desarrollo del experimento

1.er Experimento:
1. Llenar los vasos con agua por la mitad.
2. Dejar caer en la superficie del agua una pequeña cantidad de materia grasa líquida (aceites).
3. Observar.
4. Mezclar con una cuchara y observar qué pasa.

2.º Experimento:
1. Dejar caer en el agua una cucharada de materia grasa sólida, como mantequilla o margarina.
2. Observar cómo flota, igual que el aceite del experimento precedente.
3. Fundir la grasa sólida en el microondas (o en un hornillo eléctrico).
4. Poner la grasa fundida en el agua y observar qué pasa.

Sugerencias y variantes

Experimentos complementarios con aceite:

– Mezclar aceite con diferentes líquidos: zumos, leche, café, té, salsa de soja, sirope, vinagre…
– Mezclar el aceite con sustancias más sólidas: mostaza, kétchup, mermelada, salsas, leche condensada, crema pastelera…
– Clasificar las diferentes sustancias según: «si se mezclan» o «si no se mezclan».

MIS NOTAS:

....
....
....
....
....
....
....
....
....

PERMITE DESARROLLAR:
1. Sentido de la observación
2. Razonamiento lógico
3. Motricidad fina
4. Discriminación visual
5. Comprensión del mundo
6. Capacidad para expresarse
7. Cooperación
8. Iniciativa

39

DE LA LECHE A LA NATA

Para experimentar: 👤 Individualmente   👥 En grupo reducido

Materiales
- Leche cruda (no pasteurizada)
- Cuchara
- Recipiente de cristal

EDAD SUGERIDA: A partir de 3 años

Desarrollo del experimento

1. Explicar a los niños de dónde sale la leche: de la hierba del campo que comen las vacas que, a su vez, dan leche…
2. Conseguir leche cruda (no pasteurizada) en alguna granja de vacas.
3. Meter la leche en un gran recipiente de cristal, a la vista de todos, y dejar reposar.
4. Tras una media hora, observar los cambios: en la superficie ha aparecido una capa de un blanco diferente. La leche se separa en dos partes, un poco como el agua y el aceite.
5. Esperar otra media hora: la capa superior se hace más espesa.
6. Batir la leche y observar cómo se mezcla.
7. Esperar otra vez y volver a observar: la nata sube a la superficie.
8. Retirar la nata con una cuchara.
9. Observar su densidad en relación a la de la leche.

Importante: No beber ni probar la leche cruda. Como no está pasteurizada no se recomienda para el consumo humano, dado que es perjudicial para la

salud. Además, este experimento no nos permite conservar la leche a una temperatura adecuada. Utilizamos leche cruda en el experimento porque la leche del súper ha sido homogeneizada y no permite la separación de la nata.

Variantes y sugerencias

- Utilizar este experimento para comprender mejor de dónde sale la nata, así como la crema de leche y la mantequilla *(véase* el experimento siguiente).
- Permitir a los niños expresarse libremente, comentar y participar en las diferentes etapas del experimento.

MIS NOTAS:

PERMITE DESARROLLAR:
1. Sentido de la observación
2. Comprensión del mundo
3. Razonamiento lógico
4. Discriminación visual
5. Atención
6. Capacidad para expresarse

40

DE LA NATA A LA MANTEQUILLA

Para experimentar: 👤 Individualmente   👥 En grupo reducido

Materiales
• Nata de leche 35 % • Bol • Varillas de batir

EDAD SUGERIDA: A partir de 3 años

Desarrollo del experimento

1. Utilizar la nata resultante del experimento precedente o comprar 25 cl de crema de leche al 35 %, para batir.
2. Meter la nata en un bol.
3. Pedir a los niños que batan la nata, cada uno un ratito, con unas varillas: además de favorecer el desarrollo de habilidades manuales, esta forma de proceder permite a los niños comprobar, gradualmente, la progresiva transformación de la sustancia y sentirse implicados en el experimento, además de hacer una actividad colectiva (¡lo hemos hecho todos juntos!), discutir, comentar sus opiniones y desarrollar la paciencia.
4. Montar la nata con varillas eléctricas si no se dispone de bastante tiempo o de paciencia.
5. Detener el batido cuando la nata esté ya espesa y con puntas sólidas: he aquí la nata montada.
6. **Permitir a los niños probar la nata si se ha utilizado crema de leche pasteurizada y siempre que no tengan intolerancia a los lácteos.**
7. Discutir qué se podría hacer con la nata montada: ¿cómo la hemos comido en otras ocasiones?

Hacer mantequilla

1. Seguir batiendo la nata montada.
2. Observar que la nata empieza a separarse en dos partes:
   - Un líquido blanquecino que se llama «suero».
   - Una crema espesa y amarillenta: la mantequilla.
3. Batir hasta conseguir la separación completa.
4. **Permitir a los niños probar la mantequilla sólo si se ha usado crema de leche pasteurizada y si ninguno presenta intolerancia a los lácteos.**
5. Comparar la mantequilla obtenida con la que se compra en la tienda. Observar que la mantequilla comprada contiene sal, por lo que habrá diferencia de sabor.

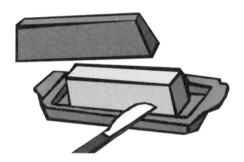

MIS NOTAS:

PERMITE DESARROLLAR:
1. Sentido de la observación
2. Comprensión del mundo
3. Razonamiento lógico
4. Discriminación visual
5. Motricidad fina
6. Perseverancia
7. Orientación temporal

41

HIDRATAR FRUTA SECA

Para experimentar: 👤 Individualmente 👥 En grupo reducido

Materiales
• Fruta deshidratada: pasas, ciruelas, plátanos, peras, manzanas, arándanos… • Fruta fresca (las mismas que tengamos en versión seca) • Recipiente • Agua

EDAD SUGERIDA: A partir de 3 años

Desarrollo del experimento

1. **Comparar la fruta fresca con la fruta seca:**
   - Describirlas.
   - Animar a los niños a expresar sus comentarios y observaciones.
   - Apuntar las observaciones, con diferencias, semejanzas de color, textura, grosor, forma…
   - Dibujar las observaciones: dibujar el contorno de las frutas, colorearlas tal como son…
2. **Proceder con el experimento de la siguiente manera:**
   - Meter la fruta fresca en la nevera
   - Meter parte de la fruta seca en un bol con agua
   - Meter el resto de fruta seca en una bolsa cerrada, al abrigo de la humedad
3. **Observar:** tras 15 minutos, tras 1 hora, tras varias horas…
4. **Comparar** las frutas como anteriormente:

- Una rodaja de plátano fresco, una de seco y una de plátano remojado.
- Una ciruela fresca con una seca y otra en remojo.
- Proceder del mismo modo con todas las variedades de fruta que tengamos.

5. **Degustación:**
   - Probar la fruta fresca, la seca y la rehidratada.
   - Apuntar las diferencias de sabor y las preferencias de cada cual.

Variantes y sugerencias

- Poner un antifaz en los ojos de un participante y pedirle que identifique las diferentes frutas deshidratadas: tocándolas, probándolas…
- Observar los cambios provocados por el agua en las frutas rehidratadas.

MIS NOTAS:

PERMITE DESARROLLAR:
1. Discriminación visual
2. Discriminación táctil
3. Discriminación gustativa
4. Sentido de la observación
5. Razonamiento lógico

42

CAMBIO DE CONSISTENCIA

Para experimentar: 👤 Individualmente   👥 En grupo

Materiales
• Azucarillos • Galletas o pastelitos • Agua • Jarra y recipientes plásticos • Colorante alimentario
• Jaboncitos

EDAD SUGERIDA: A partir de 3 años

Desarrollo del experimento

1.er Experimento:

1. Preparar una jarra grande con agua, a la que se añadirán unas gotas de colorante alimentario.
2. Verter 2 o 3 cm³ de agua en cada recipiente de plástico.
3. Darle a cada niño varios azucarillos (3 o 4).
4. Pedirle que describa cómo son los azucarillos: forma, textura, sabor, olor, tamaño…
5. Apuntar las observaciones de los niños.
6. Dar a cada niño un recipiente con agua.
7. Pedirles que metan los azucarillos dentro del agua.
8. Observar los cambios que se producen en las características anteriormente observadas.
9. Apuntar nuevamente los comentarios y observaciones de los niños.

2.º Experimento:

1. Conseguir un jaboncito para cada participante.
2. Proceder como en la primera parte del experimento precedente.
3. Intentarlo ahora con y sin colorante alimentario.
4. Dejar el jabón en remojo durante varios días. Observar que la disolución del jabón lleva mucho más tiempo que los azucarillos.
5. Comprar los resultados obtenidos con los del primer experimento.

Variantes y sugerencias

– Volver a empezar el experimento modificando los productos utilizados y observando cómo se disuelven o se descomponen en el agua: magdalenas, galletas, harina, detergente, azúcar glas, cereales…
– Clasificar los productos según «si desaparecen en el agua» o «si no desaparecen».

MIS NOTAS:

PERMITE DESARROLLAR:
1. Sentido de la observación
2. Discriminación visual
3. Razonamiento lógico
4. Comprensión del mundo
5. Discriminación gustativa
6. Capacidad para expresarse

43

MANZANAS EN TODAS LAS SALSAS

Para experimentar: 👤 Individualmente 👥 En grupo reducido

Materiales
- Hornillo con sartén o sartén eléctrica • Manzanas
- Cuchillos • Trozo de tela de algodón • Bol
- Cuchara de palo

EDAD
SUGERIDA:
A partir de
3 años

Desarrollo del experimento

Este experimento debe ser ejecutado por un adulto. Los niños observarán y comentarán lo que está sucediendo.

1. Cortar las manzanas a cuartos y retirar el corazón.
2. Poner los cuartos pelados en la sartén.
3. Colocar la sartén en un entorno seguro para los niños, pero de forma que puedan observar.
4. Calentar las manzanas en la sartén.
5. Remover con una cuchara de palo para ir moviendo las manzanas.
6. Observar los cambios a medida que van teniendo lugar: cambios de color, de forma, de textura…
7. Remarcar que antes las manzanas eran duras y blancas, mientras que ahora se van ablandando y oscureciendo, hasta acabar como un puré.
8. Dejar enfriar la salsa de manzana o compota.
9. Pedir a los niños que sujeten sus trozos de tela por los bordes.

10. Colocar un bol debajo de las telas.
11. Colar el puré de manzana por las telas de algodón y observar qué pasa.
12. Pedir a los niños que expliquen lo que está pasando..., de dónde sale ese líquido que gotea en el bol... Dejar que se expliquen, que lancen hipótesis y aporten comentarios.

Variantes y sugerencias

– Realizar el mismo experimento cambiando las manzanas por otras frutas o verduras. ¿Se obtienen los mismos resultados?

MIS NOTAS:

PERMITE DESARROLLAR:
1. Sentido de la observación
2. Razonamiento lógico
3. Cooperación
4. Discriminación visual
5. Memoria visual
6. Comprensión del mundo

44

FRUTA BIEN CONSERVADA

Para experimentar: 👤 Individualmente   👥 En grupo reducido

Materiales
- Cuchillo • Limón • Manzana • Plátano • Pera
- Fuente • Papel de celofán

EDAD SUGERIDA: A partir de 3 años

Desarrollo del experimento

1.er Experimento:

1. Partir el limón en cuartos.
2. Exprimirlo y reservar el zumo en una fuente.
3. Cortar unas rodajas de plátano, de manzana y de pera:
   - Dejar la mitad de la fruta expuesta al aire libre.
   - El resto de la fruta se meterá en el zumo de limón cubriendo ambos lados de las rodajas.
4. Dejar reposar una media hora y después se deberán comparar los trozos de fruta al aire libre con los macerados en el zumo de limón: apuntar los cambios sobrevenidos, sobre todo a nivel de coloración.
5. Continuar con el experimento media hora más… Observar nuevamente.
6. Animar a los niños a emitir sus opiniones y aportar comentarios.

2.º Experimento:

1. Cortar la manzana en dos.
2. Dejar una mitad expuesta al aire.

3. Cubrir la otra con papel de celofán.
4. Dejar reposar una media hora y observar: apuntar los cambios sobrevenidos, sobre todo a nivel de coloración.
5. Continuar con el experimento media hora más, incluso un día entero si se puede: observar nuevamente…
6. Animar a los niños a emitir sus opiniones y aportar comentarios.

Variantes y sugerencias

- En el primer experimento, reemplazar el limón por agua salada. Comparar los resultados.
- Retomar el mismo experimento con otras frutas o verduras.

MIS NOTAS:

PERMITE DESARROLLAR:
1. Sentido de la observación
2. Memoria visual
3. Discriminación visual
4. Razonamiento lógico
5. Comprensión del mundo

45

OBSERVACIÓN DE UN MUNDO PEQUEÑITO

Para experimentar: 👤 Individualmente

Materiales
- Lupa o microscopio de 3 aumentos o más
- Sustancias variadas, en función de la observación escogida

EDAD
SUGERIDA:
A partir de
3 años

Desarrollo del experimento

Observación de tejidos:
1. Cortar trozos de tela de vestidos viejos con texturas variadas (lana, nailon, seda, algodón…).
2. Observar con lupa o microscopio los diferentes tejidos.
3. Apuntar lo que se ve, diferencias, semejanzas…
4. Observar un trozo de tela en concreto y buscar las características similares compartidas con el resto de las telas.
5. Clasificar los diferentes tejidos según sus características.

Observación de productos alimentarios:
1. Aprovechar la gran variedad de posibilidades que la comida nos ofrece: sal, azúcar, harina, copos de avena, cereales, arroz, espaguetis, frutas y verduras,

especias, piel de frutas y verduras, huesos de la fruta, frutos secos, trozos de pan...

2. Observarlos con lupa o microscopio:
   - Comparar los diferentes productos entre ellos y anotar las diferencias y semejanzas.
   - Clasificar los productos según sus características.

Variantes y sugerencias

- Ampliar el campo de observación con diferentes materiales: todo tipo de cartones o papeles, madera, esponjas, alfombras, piel...
- Crear cajas de observación en las que se colocarán diferentes materiales que los niños puedan mirar y comparar a su gusto.
- En los lugares colectivos, crear un «rincón de observación» que permita a los pequeños científicos aprendices iniciarse en la observación del mundo que no se puede ver a simple vista.

MIS NOTAS:
....
....
....
....
....
....
....
....

PERMITE DESARROLLAR:
1. Sentido de la observación
2. Comprensión del mundo
3. Clasificación
4. Organización espacial
5. Discriminación visual
6. Memoria visual
7. Concentración
8. Capacidad para expresarse

46

EXPLORACIÓN DEL RELOJ DE ARENA

Para experimentar: 👤 Individualmente   👥 En grupo reducido

Materiales
• Arena • Cucuruchos de papel • Vasos, botellas
o recipientes de cristal

EDAD SUGERIDA:
A partir de 3 años

Fabricación del reloj de arena

1. Cortar ligeramente la punta de un cucurucho de papel.
2. Colocar el cucurucho sobre el vaso.
3. Rellenar con arena fina.

Desarrollo del experimento

1. Observar cómo la arena cae dentro del vaso.
2. Realizar diferentes actividades que permitan a los niños desarrollar la noción de tiempo:
   – ¿Cuántos bloques puedo apilar antes de que el vaso se llene de arena?
   – ¿Cuántas canicas puedo meter en una caja, una a una?
   – ¿Cuántas volteretas puedo dar?
   – ¿Cuántos saltos a la pata coja?

- ¿Hasta dónde puedo contar?
- ¿Cuántas canciones puedo cantar?

Variantes y sugerencias

- Cortar la punta de 3 cucuruchos con aberturas de tamaño diferente.
- Observar con cuál se vacía la arena más rápidamente… o más lentamente.
- Fabricar cucuruchos más grandes con cartulina u hojas de papel muy grandes. Esto permitirá:
  - Explorar tiempos más largos.
  - Comparar: ¿puedo apilar más bloques con el reloj grande que con el pequeño?
- Multiplicar los experimentos…, imaginar comparaciones diferentes.

MIS NOTAS:	PERMITE DESARROLLAR:
	1. Sentido de la observación
	2. Orientación temporal
	3. Motricidad fina
	4. Motricidad gruesa
	5. Concentración
	6. Iniciativa

47

DAR VUELTAS SIN EMPAPARSE

Para experimentar: 👤 Individualmente   👥 Por turnos

Materiales
* Cubito con asa • Agua

Preparación del experimento

1. Este experimento debe hacerse en el exterior.
2. Llevar traje de baño o llevar muda de recambio.
3. Verificar que los niños son capaces de darle la vuelta al cubo vacío, por el asa, antes de empezar el experimento.

Desarrollo del experimento

1. Empezar echando un vaso de agua al cubito.
2. Darle la vuelta al cubo, por el asa, lo bastante rápido para que no caiga el agua.
3. Experimentar diferentes variantes:
   - ¿Qué cantidad de agua puedo meter en el cubo sin que se me derrame cuando le doy la vuelta?
   - Intentar dar la vuelta al cubo a diferentes velocidades para ver qué pasa…
   - ¿De qué manera es más fácil darle la vuelta al cubo con rapidez? ¿Cuando hay poca agua o cuando está más lleno?

Variantes y sugerencias

- Experimentar con cubos más grandes y más pequeños.
- Intentar darle la vuelta al cubo con la mano derecha, luego con la izquierda. Comparar.
- Verificar que el niño que experimenta esté lo bastante lejos de obstáculos y seres vivos para evitar accidentes.
- Repetir el experimento usando otras sustancias más allá del agua: bolas de papel, hojas secas, césped cortado, confeti, canicas… En cualquier caso, hay que tener cuidado al escoger materiales, para que nos niños no se hagan daño.

MIS NOTAS:

PERMITE DESARROLLAR:
1. Motricidad gruesa
2. Razonamiento lógico
3. Comprensión del mundo
4. Lateralidad

48

CONSTRUCCIONES BAJO EL AGUA

Para experimentar: Individualmente   👥 Entre varios

Materiales
- Arena • Bolsitas de plástico con cierre hermético
- Piscina hinchable

EDAD SUGERIDA: A partir de 3 años

Preparación del experimento

1. Llenar las bolsitas de plástico con arena.
2. Sacarles el aire y cerrarlas.
3. Prever suficientes bolsas para que nos niños puedan hacer construcciones.

Desarrollo del experimento

1. Divertirse construyendo torres, murallas y presas bajo el agua, a base de sacos de arena.
2. Contar el número de bolsas que se han necesitado para cada construcción.

Variantes y sugerencias

– Crear remolinos y olas para verificar la resistencia de las torres, las murallas y todas las construcciones…

- – Divertirse saltando las murallas.
- – Imaginarse:
  - Carreras de relevos, en equipo…
  - Un proyecto de cooperación para hacer juntos…
- – Utilizar:
  - El sistema precedente haciendo sacos de tela, si los niños se ven capaces.
  - Medias y manoplas viejas cerradas con gomas elásticas.

MIS NOTAS:

....
....
....
....
....
....
....
....

PERMITE DESARROLLAR:
1. Motricidad gruesa
2. Organización espacial
3. Sentido del equilibrio
4. Atención
5. Razonamiento lógico
6. Trabajo en equipo
7. Cooperación

49

OBSERVACIÓN DE INSECTOS

Para experimentar: 👤 Individualmente 👥 En grupo reducido

Materiales
- Alberca, piscina hinchable, curso natural de agua
- Insectos

EDAD SUGERIDA: A partir de 3 años

Desarrollo del experimento

Observar los insectos que han caído al agua
- ¿Nadan?
- ¿Están inmóviles? ¿Por qué?
- Si nadan, ¿qué pasa en la superficie del agua?
- Encontrar una araña y ponerla en el agua suavemente. ¿Qué hace? Sacarla del agua y ponerla en un sitio donde se sienta segura y observarla de nuevo. (Las arañas, en el agua, se hacen una bolita y se quedan muy quietas. Una vez fuera del agua y ya seguras, retoman sus ocupaciones).

Durante la actividad, apuntar los comentarios, los interrogantes, los descubrimientos de los niños. Cuando acabe el experimento, leerles las anotaciones y permitirles:

- Expresar verbalmente sus opiniones.
- Dibujar lo que les haya llamado la atención del experimento.
- Retomar la actividad para explorar más a fondo y encontrar respuesta a las preguntas en suspenso.
- Explorar la capacidad para nadar de los diferentes insectos que podamos encontrar en el jardín o en el parque: lombrices, hormigas, escarabajos…

MIS NOTAS:

PERMITE DESARROLLAR:
1. Razonamiento lógico
2. Capacidad para aportar opiniones y lanzar hipótesis
3. Sentido de la observación

50

EN BUSCA DEL RUIDO

Para experimentar: 👤 Individualmente 👥 En grupo

Materiales
• Una herramienta para dar porrazos: cuchara, palo de madera…

EDAD SUGERIDA:
A partir de 3 años

Desarrollo del experimento

Búsqueda libre de ruidos:
1. Los niños se pasearán con calma por la casa tocando con su palo los diferentes objetos que se encuentren y escuchando el sonido que producen.
2. Deberán reconocer el sonido de los diferentes materiales: madera, plástico, metal, cristal, papel, cartón, tela…

Búsqueda de ruidos idénticos:
1. El adulto producirá un ruido golpeando un objeto.
2. Los niños responderán buscando otro objeto que produzca un ruido idéntico al escuchado.
3. El adulto reproducirá su ruido tantas veces como sean necesarias.

Dotar a cada niño con una cuchara metálica y un palito de madera. Sentirán la diferencia sonora entre el sonido de la cuchara y el del palito cuando golpeen objetos con una cosa u otra.

MIS NOTAS:

....
....
....
....
....
....
....
....

PERMITE DESARROLLAR:
1. Memoria auditiva
2. Discriminación auditiva
3. Razonamiento lógico
4. Atención

51

FABRICACIÓN
DE UN CALEIDOSCOPIO

Para experimentar: 👤 Individualmente   👤👤 Por turnos

Materiales
• Pajita • Trozo de cartón • Papel de colores
o lápices para colorear • Celo • Tijeras • Lápiz

**EDAD
SUGERIDA:
A partir de
3 años**

Fabricación del caleidoscopio

1. Con ayuda de un platito o una tapadera pequeña, trazar un círculo de unos
   12 cm de diámetro, aproximadamente.

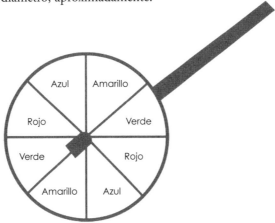

2. Cortar el círculo.
3. Trazar triángulos y colorearlos de distintos tonos o bien pegar triángulos de papel de diferentes colores entre sí, como en la ilustración.
4. Perforar una agujerito en el centro del círculo con ayuda de un lápiz.
5. Pasar una pajita por el agujero.
6. Fijar el círculo a la pajita con celo.

Desarrollo del experimento

1. Colocar la pajita entre las dos manos y hacerla rodar rápidamente.
2. Observar la superficie de colores: los colores se mezclan entre ellos.

Variantes y sugerencias

Variar el experimento:
- Usando dos colores alternos.
- Construyendo un círculo más o menos grande.
- Cambiando la disposición de los colores: En damero, manchas, líneas y también curvas…

MIS NOTAS:

PERMITE DESARROLLAR:
1. Motricidad fina
2. Coordinación
3. Discriminación visual
4. Razonamiento lógico
5. Iniciativa

52

HUELLAS POR TODAS PARTES

Para experimentar: 👤 Individualmente 👥 En equipo

Materiales
- Hojas de papel • Lápiz de cera grueso

EDAD SUGERIDA: A partir de 3 años

Preparación del experimento

1. Utilizar preferentemente puntas de lápices de cera viejos.
2. Si sólo tenemos lápices nuevos, retirarles el papel y partirlos en dos.

Desarrollo del experimento

1. Salir en busca de huellas: escoger los objetos que tengan el máximo de relieve posible:
    - Suelas de botas de montaña.
    - Juguetes con relieve.
    - Paredes con textura.
    - Clips encima de una mesa.
    - Cemento, asfalto, ladrillos…
    - Tejidos diversos…
2. Colocar la hoja de papel sobre la textura escogida.
3. Poner el lápiz de cera en horizontal sobre el papel y deslizarlo de manera que se marque sólo la textura del objeto.

Reunir todas las huellas recogidas en los papeles y recordar (o adivinar) dónde se han recogido, a qué objetos pertenecen.

Huellas de zapatos
- Divertirse tomando huellas de los zapatos de los amigos.
- Jugar a mezclar las huellas y buscar al propietario de cada huella.
- Marcar en el suelo las huellas de los niños, mezcladas y jugar a encontrar las propias.
- En los lugares colectivos, extender la actividad a los niños de todos los grupos.

MIS NOTAS:

PERMITE DESARROLLAR:
1. Discriminación visual
2. Memoria visual
3. Motricidad fina
4. Coordinación
5. Orientación espacial

53

PLUVIÓMETRO

Para experimentar: 🧍 Individualmente 👥 Entre varios

Materiales
- Embudo grande • Vaso grande transparente
- Rotulador • Regla

EDAD
SUGERIDA:
A partir de
3 años

Preparación del experimento

1. Con ayuda de una regla y un rotulador, pintar un trazo horizontal sobre el vaso cada 2 cm partiendo de la base.
2. Colocar un embudo grande dentro del vaso, bien recto, manteniendo el equilibrio.

Desarrollo del experimento

Éste es el pluviómetro que servirá para medir la cantidad de lluvia que cae:
- Por día.
- Por hora.

1. Colocar el pluviómetro bajo la lluvia: evitar ponerlo bajo goterones de tejados o al abrigo de la lluvia, claro está.
2. Fabricar un gráfico que permita compilar los datos recogidos y observar las variaciones de un día a otro, o de una hora a otra.

3. Permitir a los niños verbalizar, expresarse, lanzar hipótesis, aportar sus opiniones…

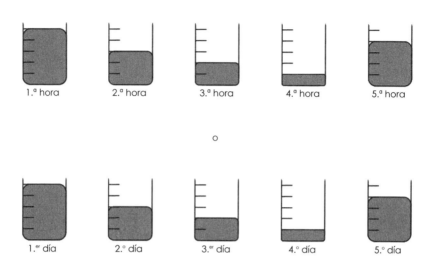

1.ª hora   2.ª hora   3.ª hora   4.ª hora   5.ª hora

o

1.er día   2.º día   3.er día   4.º día   5.º día

MIS NOTAS:	PERMITE DESARROLLAR:
	1. Comprensión
	2. Razonamiento lógico
	3. Observación

54

LA EVAPORACIÓN

Para experimentar: Individualmente   👥 Entre varios

Materiales
• Recipiente de plástico • Rotulador

EDAD SUGERIDA: A partir de 3 años

Preparación del experimento

Los niños pequeños no comprenden bien lo que ven. La evaporación no es realmente visible en tiempo real.

1. Colocar el recipiente al sol, de manera que esté siempre a la vista de los niños, de lo contrario acabarán pensando que alguien ha venido a vaciar el agua.
2. Escoger un día muy caluroso y soleado para que los resultados se puedan ver con rapidez.

Desarrollo del experimento

1. Llenar el recipiente de agua.
2. Indicar, haciendo una rayita horizontal con un rotulador, la altura que alcanza el agua dentro del recipiente.
3. Colocar el recipiente al sol.
4. Observar cada hora las variaciones en la altura del agua y marcarlas con el rotulador.

5. Preguntar a los niños qué está pasando…, que den su opinión, aporten ideas y lancen hipótesis.

Preguntar a dónde se va el agua…
– De la ropa lavada que se tiende.
– De los charcos.
– De las gotas que tenemos sobre la piel cuando nos bañamos en la playa.

MIS NOTAS:

PERMITE DESARROLLAR:
1. Razonamiento lógico
2. Capacidad para expresarse
3. Comprensión del mundo

116

55

HACER PAPEL

Para experimentar: 👤 Individualmente   👥 En grupo reducido

Materiales
- Papel reciclado, hojas de árboles o serrín
- Batidora de huevos, eléctrica si puede ser • Agua
- Bol • Rodillo pastelero • Trozo de tela o trapo
- Superficie recubierta de plástico de cocina

EDAD SUGERIDA: A partir de 3 años

Desarrollo del experimento

1. Escoger uno de los tres materiales propuestos. Para hacer el papel reciclado, pediremos a los niños que desmiguen el material en trocitos lo más pequeños posible.
2. Meter el material deshecho en un vaso de batido o en una picadora.
3. Añadir un poco de agua y mezclar hasta la obtención de una pasta espesa.
Las dos últimas consignas deben realizarse, exclusivamente, por un adulto.
4. Separar la pasta en tantas porciones como niños haya en el experimento.
5. Depositar la pasta en una superficie cubierta por film transparente o por hule.
6. Taparla con un trapo viejo.
7. Extender la pasta con un rodillo pastelero por encima del trapo.
8. Retirar el trapo.
9. Dejar secar. Poner al sol, si es posible, para acelerar el proceso.

Variantes y sugerencias

- Se obtienen resultados diferentes según el tipo de papel reciclado que utilicemos, las hojas de árboles o el serrín.
  Ejemplo: El papel de periódico dará un tono grisáceo debido a la tinta que contiene.
- Repetir el experimento variando los materiales utilizados: intentarlo con cartulina, hojas de papel blanco o de colores, hojas de árboles frescas o secas…
- Animar a los niños a comparar, a aportar hipótesis y comentarios, a expresar sus opiniones… Exponer todos los resultados obtenidos. Utilizar el papel conseguido para escribir, dibujar o hacer creaciones originales.

MIS NOTAS:	PERMITE DESARROLLAR:
	1. Motricidad fina
	2. Coordinación
	3. Comprensión del mundo
	4. Razonamiento lógico
	5. Capacidad para expresarse
	6. Observación

56

MOLDEAR LA PASTA DE PAPEL

Para experimentar: 👤 Individualmente   👥 En grupo reducido

Materiales

• Platos de plástico • Pasta de papel *(véase* la actividad n.º 55, pág. 119-120) • Objeto de punta afilada (lápiz, tijeras, clavo…) • Trozo de tela o trapo viejo

EDAD SUGERIDA: A partir de 3 años

Preparación del experimento

1. Preparar la pasta de papel tal como se indica en la actividad precedente.

Desarrollo del experimento

Coger un plato de plástico y grabar en él líneas, formas o dibujos con la ayuda de un objeto puntiagudo, apoyándolo firmemente. Crear diferentes efectos visuales:

– Perforar agujeritos, repartidos por todo el plato.
– Trazar líneas horizontales, verticales, oblicuas, curvas, en zigzag…

A partir de dichos diseños abstractos o concretos…

1. Extender la pasta de papel sobre el plato y presionar firmemente.
2. Cubrir con el trozo de tela y volver a presionar firmemente.

3. Retirar la tela.
4. Dejar secar por completo.
5. Desmoldar y observar las diferentes texturas creadas.

Variantes y sugerencias

1. Colocar objetos pequeños diversos sobre una superficie plana; lápices, bastones para el café, cordones doblados de diferentes formas, piezas de puzzles de madera... Luego cubrir con la pasta de papel, presionar bien y dejar secar.
2. Extender la pasta de papel en un contenedor e imprimir huellas: la mano, el pie, trazar el nombre...

MIS NOTAS:

PERMITE DESARROLLAR:
1. Motricidad fina
2. Coordinación
3. Organización espacial
4. Creatividad
5. Iniciativa

57

ES ELÁSTICO

Para experimentar: 👤 Individualmente   👥 En grupo reducido

Materiales
- Tejidos diversos • Distintas bolsas de plástico
- Goma elástica de diferentes anchuras

EDAD SUGERIDA: A partir de 3 años

Preparación del experimento

Para experimentar con los tejidos:
1. Escoger telas a partir de ropa vieja para reciclar.
2. Cortar cuadrados del mismo tamaño, con la mayor variedad de tejidos posible.

Para experimentar con las gomas elásticas:
1. Cortar tiras de unos 20 cm de gomas.
2. En el caso de gomas estrechas: doblar, juntar los extremos y hacer un nudo.
3. En el caso de gomas anchas: coser ambos extremos juntos.

Para experimentar con bolsas de plástico:
1. Cortar bandas de 5 cm de ancho.

Desarrollo del experimento

1. Verificar la elasticidad de los diferentes materiales escogidos: algunos se estiran mucho y otros muy poco.
2. Clasificar según las tres características de la siguiente ilustración.

Variantes y sugerencias

Clasificar algunos materiales puede ser complicado: algunos los clasificaremos como que «se estiran mucho» y de otros diremos que «se estiran poco», pero saber exactamente dónde empieza el «mucho» y dónde empieza el «poco» es muy difícil de decir. Por eso conviene inculcar en los niños la idea de que no todo es blanco o negro en esta vida, que suele haber zonas grises ¡con muchos tonos! Para demostrarlo, podemos crear una zona de sombra (o encabalgamiento) en la clasificación. Veamos una propuesta de solución:

MIS NOTAS:
....
....
....
....
....
....
....
....

PERMITE DESARROLLAR:
1. Razonamiento lógico
2. Clasificación
3. Discriminación visual
4. Organización espacial
5. Discriminación táctil
6. Capacidad para expresarse
7. Trabajo en equipo

58

MEMORIA DE ELEFANTE

Para experimentar: 👤 Individualmente   👥 En grupo reducido

Materiales
• A gusto de cada cual

Preparación del experimento

1. Vaciar algún rincón de una habitación.
2. Crear un decorado propio con cajas vacías, una mesita, objetos decorativos, fotos o carteles…

Desarrollo del experimento

1. Pedir a los niños que se coloquen a un par de metros del rincón decorado y lo observen atentamente para poder acordarse de todos los elementos y su emplazamiento.
2. Dejarlos un minuto observando, aproximadamente.
3. Decirles que se den la vuelta y no miren más.
4. Retirar un objeto.
5. Pedir a los niños que vuelvan a mirar y que digan qué objeto ha desaparecido.
6. Repetir el experimento tantas veces como los niños demuestren interés.

– Empezar con un decorado de pocos elementos e ir aumentando la cantidad a medida que los niños se vuelvan más hábiles.
– También pueden cambiarse los objetos de sitio en lugar de retirarlos.
– Se puede hacer una foto del decorado y luego cambiarlo completamente. Después se pide a los niños que lo recreen tal como lo recuerdan. Finalmente, se comparará el trabajo de los niños con la foto de referencia, para ver si todo está en su sitio.
– Pedir a unos niños que creen el decorado y otros que lo memoricen. Luego intercambiarán los papeles.

MIS NOTAS:

PERMITE DESARROLLAR:
1. Memoria visual
2. Discriminación visual
3. Organización espacial
4. Atención
5. Lateralidad
6. Observación

59

OBJETOS VOLADORES PARA JUGAR LOS DÍAS VENTOSOS

Para experimentar: 👤 Individualmente   👥 Entre varios

Materiales
- Bolsas de plástico o de papel • Servilletas o trozos de tela • Objetos diferentes

EDAD
SUGERIDA:
A partir de
3 años

Actividades para experimentar

Averiguar en qué dirección sopla el viento:
1. Abrir una bolsa y mantenerla abierta con las dos manos.
2. Colocar la boca de la bolsa horizontalmente frente a la cara, e ir girando lentamente.
3. Cuando el viento hinche la bolsa, soltarla y observar cómo vuela. ¿Hasta dónde irá?
4. Recuperarla y volver a empezar.

¿Esto vuela o no vuela?:
1. Meter en una bolsa objetos de diferentes materiales, dimensiones y formas.
2. Colocarse de espaldas al viento.
3. Escoger un objeto, colocarlo delante de la cara y dejarlo ir.
4. Clasificar los objetos según vuelen o caigan al suelo.

Variantes y sugerencias

– Repetir las diferentes actividades según si el viento es ligero, medio o fuerte.
– Pedir a los niños que se inventen su propio objeto volador.

MIS NOTAS:	PERMITE DESARROLLAR:
	1. Razonamiento lógico
	2. Observación
	3. Deducción
	4. Clasificación

60

OBJETOS EN EQUILIBRIO

Para experimentar: 👤 Individualmente 👥 En grupo

Materiales

- Vaso de plástico • Plato grande de plástico
- Objetos pequeños: blocs, figuritas…

EDAD SUGERIDA: A partir de 3 años

Desarrollo del experimento

1. Colocar el vaso de plástico boca abajo en la superficie de juego.
2. Poner el plato grande en equilibrio sobre el vaso.
3. Colocar objetos pequeños en el plato, intentando mantener el equilibrio.

Experimentar

- Experimentar entre dos o más participantes.
- Cada cual por turnos, añade un objeto al plato.
- Intentar colocar el máximo de objetos manteniendo el equilibrio.
- Volver a empezar tantas veces como los niños tengan interés.

– Utilizar platos de formas variadas.
– Utilizar objetos de formas y pesos distintos.

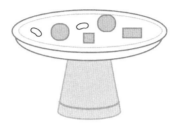

MIS NOTAS:	PERMITE DESARROLLAR:
	1. Razonamiento lógico
	2. Sentido de la observación
	3. Atención
	4. Motricidad fina

61

DIBUJOS SECRETOS

Para experimentar: 👤 Individualmente   👥 Entre varios

Materiales
- Bastoncillo de algodón • Zumo de limón
- Papel blanco • Agua

EDAD
SUGERIDA:
A partir de
3 años

Desarrollo del experimento

Enviar un dibujo secreto a un amigo:
1. Mojar un bastoncillo de algodón en zumo de limón.
2. Dibujar algo sobre el papel con el bastoncillo empapado en zumo.
3. Dejar secar y observar cómo va desapareciendo el dibujo.
4. Para verlo reaparecer, hay que mojar el papel con agua.

Variantes y sugerencias

A la caza del tesoro:

1. Dibujar el mapa del tesoro con la ayuda de un bastoncillo empapado en zumo de limón, en un papel en blanco.
2. Darle a cada niño su mapa secreto, que deberá mojar con agua para descifrar en emplazamiento del tesoro.

Hacer dibujos secretos para:

– Amigos, hermanos, padres…
– Ocasiones especiales: Halloween, San Valentín, cumpleaños…

MIS NOTAS:

PERMITE DESARROLLAR:
1. Motricidad fina
2. Razonamiento lógico
3. Discriminación visual
4. Memoria visual
5. Creatividad

62

JUGAR A DETECTIVES

Para experimentar: 👤 Individualmente   👥 En grupo reducido

Materiales
• Tampón de tinta (almohadilla) • Lupa • Fichas de cartón • Placa de cristal • Azúcar en polvo

EDAD SUGERIDA: A partir de 3 años

Desarrollo del experimento

Tomar las huellas a todos los presentes:

1. Colocar el pulgar sobre el tampón empapado de tinta.
2. Apretar el pulgar ligeramente a izquierda y derecha.
3. Retirar el pulgar del tampón.
4. Presionar con el dedo sobre el papel para dejar la huella impresa.
5. Imprimir también el pulgar de la otra mano.
6. Identificar cada ficha escribiendo el nombre del propietario de las huellas.

Observar las huellas de cada participante con ayuda de una lupa.
Comparar las huellas de dos personas:

– ¿Se parecen?
– Seguir la actividad intentando encontrar dos huellas iguales o parecidas.

1. Luego, el detective entra en la habitación: debe descubrir qué persona ha tocado la placa de cristal.
2. Tendrá cuidado de tocar la placa sólo por los bordes.
3. Luego espolvoreará la superficie de la placa con un poco de azúcar en polvo.
4. Dará la vuelta a la placa par eliminar el exceso de azúcar.
5. Observar: el azúcar se queda pegado en la huella.
6. Cogerá la lupa para comparar la huella del cristal con las de sus fichas.
7. Señalará el que haya tocado la placa de cristal.

¿Quién ha tocado la placa?:
1. Limpiar bien la placa y evitar tocar la superficie con los dedos.
2. Pedir a otro niño que salga de la habitación: será el detective.
3. Uno de los participantes que queda tocará la placa con el pulgar.

Variantes y sugerencias

Cuando los niños se vuelvan hábiles con este experimento, se podrán tomar las diez huellas de cada participante y hacer, así, el juego más complicado.

MIS NOTAS:

PERMITE DESARROLLAR:
1. Motricidad fina
2. Lateralidad
3. Discriminación visual
4. Sentido de la observación
5. Atención
6. Paciencia

63

VACIAR SIN DERRAMAR

Para experimentar: Individualmente   Entre varios

Materiales
- Gran contenedor, palangana o piscina hinchable
- Tubo de plástico (tipo manguera) de más de 60 cm

EDAD
SUGERIDA:
A partir de
3 años

Preparación del experimento

Para evitar problemas:
– Es preferible realizar este experimento en exteriores.
– Si no fuera posible, colocar un montón de toallas.

Desarrollo del experimento

1. Llenar el contenedor de agua.
2. Colocar un trozo de tubo o manguera en el contenedor de agua.
3. Pedirle a alguien que aguante el tubo para que un extremo de la manguera se mantenga sumergido.
4. Coger el otro extremo de la manguera y aspirar el aire que contiene hasta que salga agua.
5. ¡Cuidado con no tragarse el agua y menos aún ahogarse!

6. En el momento en que el agua salga por la manguera, bajarla por debajo del nivel de agua del contenedor.
7. Observar qué pasa.

Variantes y sugerencias

– Colocar el tubo más alto que el nivel de agua del contenedor. ¿Qué pasa ahora?
– Calcular el tiempo que se necesita para vaciar el contenedor.
– Retomar la actividad con dos mangueras. Calcular ahora el tiempo necesario para vaciar el agua. ¿Es más o menos rápido? ¿Y si usáramos tres mangueras?

MIS NOTAS:

....
....
....
....
....
....
....
....

PERMITE DESARROLLAR:
1. Razonamiento lógico
2. Coordinación
3. Organización espacial
4. Organización temporal

64

LA CONFERENCIA

Para experimentar: 👤 Individualmente 👥 En equipo de tres

Materiales

- 3 latas de conserva • Cordel: un trozo de 4 m y otro de 2 m • Celo

EDAD SUGERIDA: A partir de 3 años y medio

Preparación del experimento

1. Lavar las latas de conserva vacías. Asegurarse de que los bordes no cortan.
2. Con ayuda de un clavo y un martillo, perforar un agujero en la base de cada lata.
3. Pasar un extremo del cordel largo por el agujero de cada lata.
4. Fijar el cordel haciendo un nudo o pegarlo con celo, para que no se salga de la lata.
5. Pasar un extremo del cordel por el agujero de la tercera lata.
6. Atar el otro extremo del cordel corto en mitad del cordel grande.
7. Hacer un nudo lo más pequeño posible para permitir que el sonido se propague bien.

Desarrollo del experimento

1. Cada participante tendrá en la mano su teléfono, unido al resto mediante el cordel.

2. Tensar bien los cordeles entre los participantes.
3. Uno de los participantes susurrará por su lata y los otros dos lo escucharán.

Experimentar con posibilidades diversas:
- Variar el contenedor utilizado como teléfono: vasos de plástico, vasos de cartón, tubos de madera…
- Variar el cordel: utilizar diferentes tipos, como hilo de lana, cinta, alambre…
- Aumentar o disminuir la longitud del cable.
- Usar el teléfono en el exterior.
- Añadir una cuarta línea.
- ¿Qué da mejor resultado?

MIS NOTAS:

PERMITE DESARROLLAR:
1. Discriminación auditiva
2. Organización espacial
3. Cooperación
4. Sentido de la observación
5. Capacidad para expresarse
6. Atención

65

DIANA PARA CIEGOS

Para experimentar: ♟ Individualmente   👥 En grupo reducido

Materiales

• Materiales de diferentes texturas: tejidos, papel, cartón, papel de lija… • Cartón rígido de 60 x 60, aproximadamente • Vendas • Fichas

EDAD SUGERIDA: A partir de 3 años y medio

Preparación del experimento

1. Pegar en el cartón círculos concéntricos de diferentes texturas:
   - Tela de terciopelo, de satén, de lana, de saco…
   - Papel arrugado, enrollado, doblado…
   - Diferentes texturas de cartón y cartulina.
   - Pasta seca (macarrones, fideos…).
2. Dejar que se seque.

Desarrollo del experimento

1. Instalar la diana en una pared, encima de la mesa o en el suelo.
2. Tapar los ojos de un participante.
3. Pedirle que coloque una ficha (o algún objeto pequeño) en el centro de la diana.
4. Tocar los diferentes círculos concéntricos hasta localizar el centro de la diana.

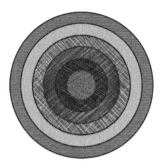

– Pedir que se coloque la ficha en el primer círculo, luego en el segundo…
– Pedir que se coloque una ficha en cada círculo.
– Construir dianas con más o menos círculos, según la edad y la habilidad de los jugadores.
– Tocar con la mano derecha, luego con la izquierda.

MIS NOTAS:

....

....

....

....

....

....

....

....

PERMITE DESARROLLAR:
1. Discriminación táctil
2. Organización espacial
3. Memoria táctil
4. Lateralidad
5, Sentido de la observación
6. Atención

66

¿ESTÁ CALIENTE O ESTÁ FRÍO?

Para experimentar: 👤 Individualmente 👥 En grupo

Materiales
- 3 contenedores grandes • Guantes de caucho

EDAD SUGERIDA: A partir de 3 años

Desarrollo del experimento

1.er Experimento:
1. Llenar el primer contenedor de agua fría.
2. Llenar el segundo contenedor de agua caliente (no ardiendo, se tiene que meter la mano).
3. Llenar el tercer contenedor de agua tibia.
4. Colocar el bol de agua tibia entre los otros dos.
5. Meter una mano en el bol de agua fría y la otra en el de agua caliente.
6. Dejar las manos sumergidas durante al menos 1 minuto, para sentir bien la sensación de frío y de calor.
7. Retirar las manos de sus contenedores respectivos y sumergirlas, al mismo tiempo, en el agua tibia.
8. Observar las sensaciones.
9. Retomar la actividad con los pies, en vez de las manos.

2.º Experimento:
1. Ponerse los guantes de caucho.
2. Sumergir las manos en agua fría.

3. Observar las sensaciones táctiles producidas.
4. Sumergir la manos en agua caliente.
5. Percibir las sensaciones con el agua caliente.

Variantes y sugerencias

- Usar una bolsa de plástico para el segundo experimento si no hay acceso a guantes de caucho.
- Meter la mano en la bolsa y cerrarla bien para que el agua no se meta por dentro.
- Retomar la actividad con los pies.
- Usar diferentes tejidos para meter las manos en el agua y percibir las sensaciones táctiles. ¿Son experiencias iguales o diferentes?

MIS NOTAS:

PERMITE DESARROLLAR:
1. Razonamiento lógico
2. Discriminación táctil
3. Atención

67

SEPARAR EL AGUA DE LA TIERRA

Para experimentar: Individualmente 👥 Por turnos

Materiales
- Botella de plástico transparente • Agua fangosa
- Cordel

EDAD SUGERIDA: A partir de 4 años

Preparación del experimento

1. Para conseguir agua fangosa: mezclar tierra con agua.
2. Llenar la botella hasta la mitad con agua fangosa.
3. Enrollar el cordel y fijarlo sólidamente al cuello de la botella.
4. Mantener suelto alrededor de 1 m de cordel.

Desarrollo del experimento

1. Proceder con el experimento en el exterior.
2. Preguntar a los niños, antes de empezar el experimento, cómo separarían ellos la tierra del agua. Después, pedirle a un niño que:
   - Sostenga el cordel cerca al cuello de la botella y empiece a darle vueltas (a la botella, colgando del cordel).
   - Vaya soltando cordel para alejarse de la botella, hasta que tenga el cordel agarrado por el extremo.

- La botella deberá dar al menos 100 vueltas.
- Después irá recogiendo el cordel progresivamente, mientras la botella sigue girando, hasta ir deteniendo la botella suavemente.
3. Observar ahora el contenido de la botella: la tierra está junta en el fondo de la botella y el agua flota en la superficie.

Variantes y sugerencias

Experimentar con otras mezclas. ¿Se obtienen los mismos resultados?

MIS NOTAS:

....
....
....
....
....
....
....
....

PERMITE DESARROLLAR:
1. Motricidad gruesa
2. Compresión del mundo
3. Razonamiento lógico

68

VASOS COMUNICANTES

Para experimentar: 👤 Individualmente 👥 Entre varios

Materiales

• Tres contenedores de plástico • Dos mangueras
de más o menos 20 cm • Cola resistente al agua

EDAD
SUGERIDA:
A partir de
4 años

Preparación del experimento

1. Perforar un agujero en la base de dos contenedores. El agujero debe ser lo bastante grande para pasar la manguera a través de él.
2. Perforar dos agujeros en el tercer contenedor, del mismo tamaño que los anteriores, en ambos lados de la base.
3. Insertar los tubos en los contenedores, como en la ilustración.
4. Fijar los tubos con cola resistente al agua.
5. Dejar secar unas cuantas horas y luego verificar que estén bien pegados.

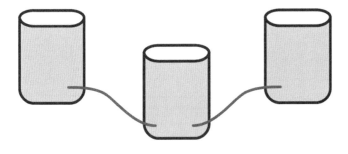

Desarrollo del experimento

1.er Experimento:
1. Colocar los tres contenedores a la misma altura.
2. Llenar uno de ellos con agua.
3. Observar qué pasa.

2.º Experimento:
1. Colocar uno de los contenedores más bajo o más alto que el resto.
2. Observar qué pasa.

3.er Experimento:
Variar la posición de los contenedores colocándolos más o menos altos, más o menos bajos, multiplicando así las experiencias. Dejar que los niños lancen sus hipótesis, aporten opiniones y hagan comentarios.

Variantes y sugerencias

- Poner agua en los diferentes contenedores y añadir unas gotas de colorante alimentario.
- Variar la posición de los contenedores y observar los colores mezclarse.
- Escoger contenedores de diferentes tamaños y alturas para hacer el experimento.

MIS NOTAS:	PERMITE DESARROLLAR:
	1. Razonamiento lógico
	2. Capacidad de observación
	3. Iniciativa

69

PERGAMINO

Para experimentar:  Individualmente · En grupo reducido

Materiales

- Té frío · Bandeja de metal · Hojas de papel blanco
- Bolsas de plástico

**EDAD
SUGERIDA:
A partir de
4 años**

Preparación del experimento

1. Hacer una infusión con el té, para un par de tazas.
2. Dejar que se enfríe.
3. Cortar las bolsas de plástico en cuadrados grandes.

Desarrollo del experimento

1. Poner la infusión de té en la bandeja de metal.
2. Colocar una hoja de papel blanco dentro de la bandeja, completamente plano, para que se embeba de té.
3. Extender un cuadrado de plástico en una mesa.
4. Retirar la hoja de la bandeja, con cuidado, y depositarla sobre el plástico.
5. Rasgarlos bordes de la hoja para darles un aspecto viejo.
6. Manipular suavemente el papel mojado, porque se rompe con facilidad.

7. Dejar secar completamente.
8. Ya tenemos una imitación de pergamino para escribir o dibujar en él, una vez seco.

Variantes y sugerencias

– Dibujar un mapa del tesoro.
– Acelerar el secado de las hojas con un secador de pelo.
– Retomar el experimento:
  • Variando el líquido utilizado para teñir: café, salsa de soja, zumo de uva, mostaza diluida, colorante alimentario…
  • Intentando teñir hojas de colores, de diferentes grosores, de diferentes texturas…
  • Comparando los resultados obtenidos.

MIS NOTAS:	PERMITE DESARROLLAR:
	1. Motricidad fina
	2. Razonamiento lógico
	3. Discriminación visual
	4. Iniciativa
	5. Creatividad

70

TENER A ALGUIEN EN LAS MANOS

Para experimentar: ▲ Individualmente   👥 En grupo reducido

Materiales
- Ninguno

EDAD SUGERIDA: A partir de 4 años

Desarrollo del experimento

Crear una ilusión óptica.

1. Escoger un objeto o una persona alejado(a) de uno mismo.
2. Colocar la mano de manera que la persona u objeto quede a la altura de nuestros ojos, poniendo la mano de forma que parezca que la base de la persona u objeto están encima.
3. Se tiene la impresión de estar cogiendo algo o a alguien con la mano.

Colocar el objeto sobreelevado facilita el experimento. Por ejemplo: colocar a una persona sobre una mesa o silla. Divertirse viendo cómo está sobre nuestra mano:
- Amigos o los padres.
- Una casa.
- Un coche o un camión.
- Un árbol…

Animar a los niños a explicar el fenómeno: «¿Cómo se puede tener una casa en la mano?». Permitirles que expresen sus opiniones, sus comentarios, sus hipótesis…

MIS NOTAS:

PERMITE DESARROLLAR:
1. Motricidad fina
2. Coordinación ojo/mano
3. Organización espacial
4. Razonamiento lógico
5. Capacidad para expresarse

71

ESPIAR POR LAS PAREDES

Para experimentar: 👤 Individualmente   👤👤 En grupo de dos

Materiales
- Un vaso por cada equipo de dos participantes

EDAD SUGERIDA: A partir de 4 años

Desarrollo del experimento

1. Colocar a cada participante en dos habitaciones adyacentes.
2. Cerrar las puertas de ambas habitaciones.
3. Un participante intentará mandar un mensaje al compañero hablando con voz normal. ¿Oye el mensaje el otro participante?
4. Ahora, se escuchará el mensaje:
   - Colocando la abertura del vaso contra la pared.
   - Poniendo la oreja en el culo del vaso.
   - Tapándose la otra oreja con un dedo.
   - Repetir el mensaje que se ha oído.

Variantes y sugerencias

Hacer una cadena telefónica:
- Si hay varias habitaciones adyacentes, se puede poner un participante en cada una de ellas.

149

- El primero pasa el mensaje al segundo, el segundo se lo pasa al tercero y así hasta llegar al último.
- El último participante dirá qué mensaje mandó el primero.

MIS NOTAS:	PERMITE DESARROLLAR:
	1. Discriminación auditiva
	2. Memoria auditiva
	3. Atención
	4. Autonomía
	5. Cooperación
	6. Organización espacial

72

CRISTALES MÁGICOS

Para experimentar: 👤 Individualmente   👥 En grupo reducido

Materiales
- Azúcar • Agua hirviendo • Trozos de cordel
- Tarro de cristal • Clip de papel • Lápiz

EDAD SUGERIDA: A partir de 4 años

Desarrollo del experimento

1. Medir 400 g de azúcar.
2. Disolver el azúcar en 250 ml de agua hirviendo (esta parte del experimento debe ser llevada a cabo por un adulto, para evitar quemaduras).
3. Mezclar bien y dejar enfriar a temperatura ambiente.
4. Pegar un extremo de la cuerda al lápiz y el otro al clip.
5. Poner el lápiz en la boca del tarro y dejar la cuerda suspendida dentro de éste.
6. Verter la mezcla de agua y azúcar, ya fría, en el tarro: la mezcla debe cubrir la práctica totalidad de la cuerda.
7. Dejar reposar la mezcla varios días.
8. Observar qué pasa: cristales de azúcar se van formando a lo largo de la cuerda. Cuanto más se espere, más cristales se formarán.
9. La cuerda llena de cristales se puede chupar y hasta comer, de manera que los niños estarán encantados de hacer este experimento.

Variantes y sugerencias

– Permitir a los niños que expresen sus opiniones, lancen sus hipótesis y hagan preguntas.
– Pedir a los niños que dibujen el resultado del experimento.
– Observar los cristales con lupa.

MIS NOTAS:

PERMITE DESARROLLAR:
1. Sentido de la observación
2. Razonamiento lógico
3. Discriminación visual

73

AIRE DENTRO DEL AGUA

Para experimentar: 👤 Individualmente   👥 Entre varios

Materiales
• Palangana grande o piscina hinchable • Vaso grande o contenedor de plástico transparente

EDAD SUGERIDA: A partir de 4 años

Desarrollo del experimento

1.er Experimento:
1. Llenar la palangana o la piscina de agua.
2. Sumergir el gran vaso transparente del revés, para que no pierda el aire que contiene.
3. Observar cómo el agua no entra en el vaso.
4. Preguntar a los niños por qué no se llena de agua el vaso.
5. Dejar que den sus opiniones y aporten ideas…
6. Ladear ligeramente el vaso de manera que los niños vean las burbujas de aire que se escapan subiendo hacia la superficie.
7. Preguntar nuevamente a los niños qué está pasando.

2.º Experimento:
1. Meter el primer vaso dejando que se llene de agua por completo.
2. Sumergir el segundo vaso sin dejar que el agua penetre.
3. Ladear ligeramente el vaso de aire para que se escapen burbujas y se metan en el vaso lleno de agua.

4. Dejar que los niños saquen sus conclusiones y experimenten de diferentes formas.

Dejar que los niños jueguen con diversos contenedores transparentes y exploren por sí mismos las diferentes facetas de la actividad.

MIS NOTAS:
....
....
....
....
....
....
....
....

PERMITE DESARROLLAR:
1. Razonamiento lógico
2. Coordinación ojo/mano
3. Organización espacial
4. Discriminación visual
5. Concentración
6. Iniciativa

74

HISTORIA DE FUGAS

Para experimentar: Individualmente   Entre varios

Materiales
- 1 cartón de leche (por ejemplo) de 2 l, vacío • Lápiz
- Celo • Agua

EDAD SUGERIDA: A partir de 4 años

Desarrollo del experimento

1. Enjuagar el brick de leche para que quede bien limpio.
2. Con ayuda de un lápiz, perforar tres agujeros en línea, a diferentes alturas, pero siempre a más de 5 cm de la parte más alta del brick.
3. Tapar los agujeros con celo.
4. Llenar el brick de agua.
5. Colocar el brick en el lavabo, la pila de la cocina o en el exterior de la casa.
6. Retirar de golpe el celo.
7. Observar: ¿qué chorro de agua llega más lejos? ¿Y más cerca? ¿Por qué?
8. Permitir a los niños expresar sus opiniones, lanzar hipótesis…

Variantes y sugerencias

- Utilizar líquidos diferentes para ver si el resultado es el mismo.
- Perforar más agujeros, a ver qué pasa.
- Animar a los niños a dibujar los resultados de su experimento.

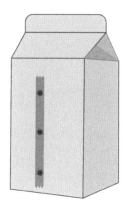

MIS NOTAS:

....
....
....
....
....
....
....
....

PERMITE DESARROLLAR:

1. Razonamiento lógico
2. Sentido de la observación
3. Capacidad para opinar e hipotetizar
4. Discriminación visual
5. Organización espacial

75

LA RESONANCIA

Para experimentar: Individualmente   👥 Entre varios

Materiales
• Instrumentos musicales: pandereta, címbalos, triángulo, tambor, flauta, xilófono… • Palito de madera o cuchara

EDAD SUGERIDA: A partir de 4 años

Desarrollo del experimento

¿Qué es la resonancia?:
1. Todos, sentados en círculo, escucharán el sonido de cada uno de los instrumentos que tengamos a mano.
2. Aprenderán a reconocer los que resuenan y los que no.
3. Aprenderán a hacerlos resonar más tiempo.

Búsqueda libre de resonancia:
1. Los niños, repartidos en grupitos de 2 o 3, salen en busca de materiales resonantes.
2. Con ayuda de un palito de madera o de una cuchara, golpearán suavemente sobre diferentes objetos de la habitación e identificarán los objetos que resuenan y los que no.

Búsqueda dirigida de resonancia:
Salir en busca de lo que el adulto les haya indicado.

Variantes y sugerencias

Clasificación de objetos con resonancia.
- Preparar dos cajas de cartón: una para los objetos resonantes y la otra para los que no tienen resonancia.
- Pedir a los niños que clasifiquen los objetos según su característica.

MIS NOTAS:

PERMITE DESARROLLAR:
1. Atención y concentración
2. Discriminación auditiva
3. Clasificación
4. Imaginación y creatividad
5. Capacidad para razonar, explicarse, discutir y hacer valer las opiniones propias

76

LA MAGIA DEL AGUA

Para experimentar: 👤 Individualmente 👥 Entre varios

Materiales
- Vaso de agua • Cuadrado de cartulina

**EDAD SUGERIDA:
A partir de
4 años**

Desarrollo del experimento

1. Llenar un vaso de agua.
2. Poner la cartulina sobre el vaso de agua, a modo de tapa.
3. Coger el vaso con una mano y poner la otra sobre la cartulina.
4. Darle la vuelta al vaso rápidamente, sosteniendo firmemente la cartulina con la otra mano.
5. Retirar la mano que aguantaba la cartulina.

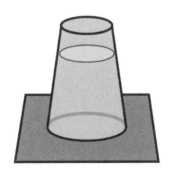

6. Observar qué pasa: el cartón está como pegado al vaso, no se cae ni el agua tampoco.
7. Pedir a los niños que intenten explicar el fenómeno.
8. Permitir a los niños que lo intenten ellos: prever que podrá haber accidentes y derramarse el agua. Lo ideal es hacer este experimento en el exterior o dentro de la bañera.

Variantes y sugerencias

– Cuando los niños dominen bien la técnica, pueden hacer este truco durante las fiestas con miniespectáculos.
– Repetir el experimento con diferentes tipos de cartón o de papel. ¿Es siempre eficaz?

MIS NOTAS:

PERMITE DESARROLLAR:
1. Motricidad fina
2. Coordinación
3. Razonamiento lógico
4. Precisión
5. Organización espacial
6. Concentración

77

¿ESTÁ LLENO EL VASO LLENO?

Para experimentar: 👤 Individualmente 👥 Entre varios

Materiales
- Un vaso • Colorante alimentario • Monedas
- Lavavajillas

EDAD SUGERIDA: A partir de 4 años

Desarrollo del experimento

1. Llenar el vaso hasta el borde con agua coloreada con colorante alimentario.
2. Colocar muy suavemente las monedas encima del agua y dejar que se deslicen suavemente por el agua.
3. Observar: la superficie del agua se hincha por encima del vaso.
4. Contar cuántas monedas podemos meter en el agua, de este modo, sin que se derrame ni una gota de agua.
5. Repetir la experiencia usando dos vasos de altura y formato variado. La cantidad de monedas que caben hasta que se derrama agua ¿es la misma?

Variantes y sugerencias

Añadir unas cuantas gotas de lavavajillas en el agua.
Observar: ¿se pueden meter más o menos monedas así?

Repetir el experimento:

- – Añadiendo gotas de aceite.
- – Reemplazando el agua por leche o zumos.
- – Animando a los niños a comentar, opinar y aportar ideas.
- – Sugerir que dibujen el resultado de los diferentes experimentos.

MIS NOTAS:

PERMITE DESARROLLAR:
1. Razonamiento lógico
2. Atención
3. Motricidad fina
4. Sentido de la observación
5. Discriminación visual

78

DIBUJOS DE SOMBRAS

Para experimentar: 👤 Individualmente   👥 De dos en dos

Materiales

- Lámpara • Hoja grande de papel blanco • Lápiz

EDAD SUGERIDA: A partir de 4 años

Preparación del experimento

1. Oscurecer la habitación lo máximo posible: cuanto más oscura esté la estancia, mejor será el resultado.
2. Colocar una lámpara encendida sobre una mesa, sin pantalla ni nada.
3. Pegar a la pared el papel blanco.

Desarrollo del experimento

1. Pedirle a alguien que se coloque entre la lámpara y la hoja de la pared.
2. Dicha persona escogerá una posición inmóvil.
3. Otro dibujará la sombra del compañero que se proyecta sobre el papel.
4. Pedirle al modelo que se acerque un paso a la lámpara.
5. El otro volverá a trazar el nuevo contorno proyectado.
6. Pedirle a modelo que se acerque dos pasos al papel.
7. Por tercera vez, el dibujante trazará el contorno proyectado.

8. Después se observarán los tres contornos de la sombra del modelo. ¿Qué diferencias hay entre ellos?
9. Pedir a los niños que comenten, que opinen, que lancen hipótesis…

Variantes y sugerencias

Permitir a los niños explorar esta actividad desde diferentes puntos de vista:
– Objetos más o menos lejos de la lámpara.
– Lámpara ubicada en el suelo, en una mesa, en alto…
– Intentarlo con objetos grandes y con objetos pequeños…

N. B. Los desplazamientos de la lámpara deberán efectuarse por un adulto y ésta deberá situarse en lugares seguros para evitar accidentes.

MIS NOTAS:

PERMITE DESARROLLAR:
1. Motricidad fina
2. Sentido de la observación
3. Razonamiento lógico
4. Esquema corporal
5. Organización espacial
6. Atención
7. Iniciativa
8. Capacidad de expresión

79

AGUA QUE SUBE POR LA PLANTA

Para experimentar:  Individualmente   Entre varios

Materiales

• Un vaso • Colorante alimentario • Ramas de apio
con hojas • Agua

**EDAD
SUGERIDA:
A partir de
4 años**

Desarrollo del experimento

1. Llenar un vaso de agua por la mitad.
2. Verter una cucharada sopera de colorante alimentario en el agua.
3. Cortar la base de una rama de apio, a unos 3 cm. Es importante que haya un extremo recién cortado.
4. Colocar entonces la rama dentro del vaso de agua.
5. Observar qué pasa: puede llevar de una a dos horas.
6. El colorante sube por la rama de apio y va coloreando las hojas poco a poco.
7. Pedir a los niños que den una explicación, que opinen y aporten ideas…

Variantes y sugerencias

- Utilizar varios vasos con aguas de colores distintos y una rama de apio en cada uno de ellos.
- Observar.

Repetir el experimento con plantas diferentes:

- Lechuga.
- Flores del jardín.
- Plantas consideradas como malas hierbas:
  - Cortarlas y meterlas en el agua.
  - Retirar raíces y meterlas en el agua.

MIS NOTAS:

PERMITE DESARROLLAR:

1. Razonamiento lógico
2. Sentido de la observación
3. Discriminación visual
4. Atención
5. Capacidad para emitir opiniones

80

ERUPCIONES VOLCÁNICAS

Para experimentar: 👤 Individualmente   👥 De dos en dos

Materiales

- 1 botella de plástico o cristal vacía, de 250-300 ml
- 1 embudo • 1 fuente o bandeja grande • 1 taza de vinagre • 50 ml de agua • 2 cucharadas soperas de lavavajillas • 2 cucharadas soperas de bicarbonato
- Colorante alimentario rojo • Pasta de modelar

EDAD SUGERIDA: A partir de 4 años

Preparación del experimento

1. Poner la botella en la bandeja.
2. Recubrir la botella con pasta de modelar dándole la forma de volcán.
3. Vigilar que la boca de la botella no quede obstruida.
4. Dejar secar el volcán toda la noche.

Desarrollo del experimento

1. Colocar el embudo en la boca de la botella.
2. Verter agua, bicarbonato y lavavajillas.
3. Añadir unas cuantas gotas de colorante rojo al vinagre.
4. Verter el vinagre teñido de rojo en la botella.
5. Observar la erupción del volcán.

Variantes y sugerencias

Reemplazar el agua y el colorante alimentario por 30 ml de granadina. El efecto será realmente fantástico.

MIS NOTAS:	PERMITE DESARROLLAR:
	1. Razonamiento lógico.
	2. Sentido de la observación
	3. Atención
	4. Capacidad de emitir opiniones

81

PESCA CON CUBITOS

Para experimentar: 👤 Individualmente 👥 En grupo reducido

Materiales

- Agua • Un vaso • Cubitos de hielo • Sal
- Cordel de 20 a 30 cm

EDAD
SUGERIDA:
A partir de
4 años

Desarrollo del experimento

1. Llenar un vaso de agua por la mitad.
2. Dejar caer un cubito en su interior.
3. Observar que el cubito flota en el agua.
4. Poner una cuerdecita en una de las caras del cubito.
5. Espolvorear sal por encima del cubito.
6. Contar lentamente hasta diez.
7. Tirar suavemente de la cuerda hacia arriba.
8. Examinar el cubito:
    - ¿Qué ha pasado?
    - ¿Por qué la punta de la cuerda se ha quedado pegada al cubito?
    - Dejar que los niños opinen, hagan sus comentarios, lancen hipótesis…
    - Observar con una lupa.

– Poner una gota de colorante alimentario en el agua antes de congelar los cubitos.
– Retomar el experimento e intentarlo con diferentes cantidades de sal.
– Retomar el experimento e intentarlo con diferentes espesores de cuerda: lana, cordel de cocinar, cuerda más o menos gruesa, cintas…
– Retomar el experimento sustituyendo la sal por otros productos que los niños sugieran. Por ejemplo: azúcar, harina, arena, café molido…

MIS NOTAS:

PERMITE DESARROLLAR:
1. Motricidad fina
2. Razonamiento lógico
3. Coordinación
4. Discriminación visual
5. Atención
6. Capacidad para expresarse

82

HUELLA DE DINOSAURIO

Para experimentar: 👤 Individualmente

Materiales

• Distintas formas de pie de dinosaurio • Caja o
bandeja con arena • Bolsa de yeso • Cartón grueso

**EDAD
SUGERIDA:
A partir de
4 años**

Preparación del experimento

1. Preparar el yeso tal como indica el paquete.
2. Pegar las formas de pie de dinosaurio, de papel, en un cartón grueso y rígido.
3. Cortar el cartón con la forma del pie.
4. Hacer formas de huellas de diferentes tamaños.

Desarrollo del experimento

1. Meter la forma del pie sobre la arena de la caja y presionar bien fuerte.
2. Hacer una huella de 1 a 2 cm de profundidad.
3. Retirar la forma del pie.
4. Verter el yeso en la huella de dinosaurio que ha quedado en la arena.
5. Esperar a que se seque.
6. Retirar el molde con la huella.

– Imaginar diferentes formas de huellas.
– Crear huellas pequeñas, medianas y grandes: serán las del papá, la mamá y los bebés dinosaurios.
– De igual modo, crear cuernos, dientes y formas de dinosaurio.

MIS NOTAS:
....
....
....
....
....
....
....
....

PERMITE DESARROLLAR:
1. Motricidad fina
2. Razonamiento lógico
3. Observación

83

Y LAS RAÍCES ¿PARA QUÉ SIRVEN?

Para experimentar: 👤 Individualmente   👥 En grupo

Materiales
• Ninguno

EDAD
SUGERIDA:
A partir de
4 años

Desarrollo del experimento

1.º Observación:
1. Durante un paseo, coger unas cuantas flores silvestres.
2. De regreso a casa, observar su apariencia: anotar los cambios experimentados después de haberlas arrancado.
3. Colocar las flores en un tarro, sin agua, durante días.
4. Observar cada día lo que va pasando:
   – Colores de las hojas, pétalos y tallo…
   – Hojas y pétalos que se secan, que se vuelven frágiles y se rompen o se caen…
   – La textura suave se va volviendo rugosa…
5. Volver al bosque con las flores que habíamos cogido y compararlas con las frescas que encontremos.
6. Permitir a los niños expresar sus opiniones, aportar comentarios e hipótesis… Apuntar descubrimientos y observaciones de los niños. Leerles sus propios comentarios anteriores.

2.ª Observación:

1. Arrancar las malas hierbas del jardín.
2. Tener cuidado para arrancar también las raíces: agarrar el tallo firmemente, muy cerca del suelo y tirar suavemente.
3. Dejar en el suelo las plantas arrancadas.
4. Observarlas tras unos cuantos minutos…, tras una hora…, tras un día…, tras varios días.
5. Apuntar los cambios observados en cada observación.

Variantes y sugerencias

Comparar: una flor cortada, una flor arrancada con raíces, otra flor cortada pero puesta en un vaso con agua y una flor arrancada con raíces y puesta en un vaso con agua. ¿Cuál de ellas se marchita antes? ¿Cuál tarda más en marchitarse?

MIS NOTAS:

PERMITE DESARROLLAR:
1. Razonamiento lógico
2. Comprensión del mundo
3. Discriminación visual
4. Memoria visual
5. Capacidad para expresarse

84

OBSERVACIÓN DE LAS FLORES

Para experimentar: 👤 Individualmente 👥 En grupo

Materiales
• Ninguno

EDAD
SUGERIDA:
A partir de
4 años

Prepararse bien para la actividad

– Pasearse por un arcén, por el bosque, por un parque o por el jardín de casa.
– Visitar una floristería, una tienda de semillas…
– Ir a la biblioteca y buscar libros relacionados con las flores.

Desarrollo del experimento

Observar las flores que se vayan encontrando
y hablar sobre:
– Colores.
– Partes de la flor.
– Formas de flores, de pétalos, de hojas…
– Tamaños.
– Flores solas o en ramilletes naturales…
– Sus nombres.

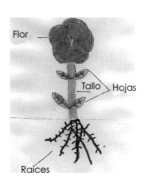

Flor

Tallo — Hojas

Raíces

Coger flores:

– Y ponerlas en un florero con agua, de regreso a casa.
– Usarlas para decorar.
– Aprovechar para observar sus cambios en los días posteriores.

Hacer flores secas:

– Atarlas por el tallo con una cuerdecita.
– Colgarlas, boca abajo, hasta que estén completamente secas.
– Retirar la cuerda y colocarlas en un tarro para decorar.
– Observar la fragilidad, sus cambios de color y de textura.

Variantes y sugerencias

– Divertirse dibujando los diferentes tipos de flores encontradas y observadas.
– Construirse un herbolario con distintos tipos de hojas del bosque.

MIS NOTAS:	PERMITE DESARROLLAR:
	1. Motricidad fina
	2. Organización espacial
	3. Sentido de la observación
	4. Cooperación
	5. Coordinación ojo/mano
	6. Atención
	7. Discriminación visual
	8. Autonomía
	9. Creatividad
	10. Orientación temporal

85

OBSERVACIÓN DE LAS YEMAS

Para experimentar: Individualmente   👥 En grupo

Materiales
• Árboles y arbustos con hojas

EDAD
SUGERIDA:
A partir de
4 años

Desarrollo del experimento

1. Escoger árboles y arbustos que estén cerca de casa.
2. En primavera, se pueden observar las yemas brotando de árboles y arbustos.
3. Describir las yemas:
    – Su forma.
    – Su color.
    – Su tamaño (se pueden medir con la regla).
    – Su textura.
4. Comparar las características de las yemas de árboles y arbustos diferentes.
5. Observar los cambios que tienen lugar en las yemas a medida que se instala el tiempo cálido.
    – ¿Qué prefieren las yemas, el tiempo cálido y soleado o una buena lluvia?
    – ¿Qué condiciones climáticas las invitan a desarrollarse?
    – Apuntar los cambios observados cada día. Releer a los niños las observaciones de los días precedentes.

- Proseguir la observación desde que la hoja sale de la yema hasta su madurez.
- ¿Salen todas las hojas la mismo tiempo? ¿Tienen todas la misma talla?
6. Permitir a los niños hacer comentarios, aportar observaciones e hipótesis…

Variantes y sugerencias

- Animar a los niños a dibujar yemas y sus diferentes cambios.
- Observar las modificaciones del árbol hasta que las hojas tapen el sol.

MIS NOTAS:	PERMITE DESARROLLAR:
	1. Sentido de la observación
	2. Comprensión del mundo
	3. Atención
	4. Organización espacial
	5. Cooperación
	6. Razonamiento lógico
	7. Capacidad para expresarse

86

EXPERIMENTO DE GERMINACIÓN

Para experimentar: 👤 Individualmente   👥 En grupo reducido

Materiales

• Huevera de plástico • Rollo de guata • Semillas variadas (compradas en el súper o en jardinerías): de verduras, de flores, de árboles, de manzanas, naranjas, limones y pomelos, de alpiste, de malas hierbas, de girasol, de diente de león…

EDAD SUGERIDA: A partir de 4 años

Preparación del experimento

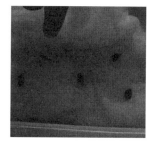

1. Cortar la guata en 12 rectángulos de 5 x 10 cm.
2. Escoger 12 tipos de semillas distintas.
3. Colocar, en cada uno de los alvéolos de la huevera, un trozo de guata doblada por la mitad.
4. Abrir la guata de un alvéolo y depositar unas cuantas semillas de un tipo y volver a cerrar la guata.
5. Proceder de igual modo con todas las semillas, en cada uno de los alvéolos.
6. Identificar con carteles cada tipo se semilla en cada uno de los alvéolos.
7. Mojar los trozos de guata completamente.
8. Colocar el conjunto de la huevera en un espacio cálido y húmedo durante al menos 1 semana.

1. Abrir la guata de cada uno de los alvéolos y observar a qué se parecen las semillas en ese momento:
   - ¿Han cambiado? ¿En qué? ¿De forma? ¿De color? ¿De tamaño?
   - Compararlas con las semillas originales.
   - ¿Han germinado todas de la misma manera?
   - Anotar los cambios sobrevenidos a las diferentes semillas, según observen los niños.
   - Dibujar los brotes, medirlos…
2. Volver a cerrar la guata y asegurarse que está húmeda.
   - Esperar unos días y observar los cambios.
   - Releer las anotaciones de la primera observación: compararlas juntos con los dibujos y medidas.

Variantes y sugerencias

Repetir el experimento con diferentes semillas y comparar los resultados obtenidos.

MIS NOTAS:

PERMITE DESARROLLAR:
1. Sentido de la observación
2. Memoria visual
3. Cooperación
4. Discriminación visual
5. Capacidad para expresarse
6. Atención

87

OBSERVACIÓN BAJO TIERRA

Para experimentar: 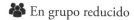 Individualmente   En grupo reducido

Materiales

- Caja de zapatos • Papel de celofán • Tierra
- Semillas de judías • Goma elástica grande • Celo

EDAD
SUGERIDA:
A partir de
4 años

Preparación del experimento

1. Perforar unos cuantos agujeros en cada lado de la caja, por la zona más baja.
2. Colocar un trozo de celofán pegado en el extremo de la caja, con el cartón cortado por los dos lados pero no por la base (como en la ilustración, en forma de tapa). Hay que estirar bien el celofán y pegarlo con celo a cada lado de la caja.
3. Subir el trozo de cartón de la punta de la caja y sujetarlo a la caja entera mediante un elástico.
4. Llenar la caja de tierra.
5. Plantar unas cuantas semillas de judías cercanas al papel de celofán. Luego cubrirlas de tierra.
6. Regarlas regularmente.

Observación de los resultados del experimento

1. Para observar regularmente la germinación y la formación de raíces, retirar el elástico y abrir el lado abierto de una punta de la caja.

2. Anotar diariamente las observaciones, hacer croquis, tomar medidas…
3. Releer a los niños las observaciones que hayan hecho los días precedentes y compararlas con los nuevos resultados.

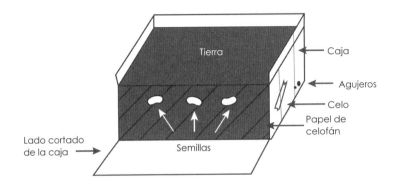

Variantes y sugerencias

Repetir el experimento con semillas distintas y comparar los resultados.

MIS NOTAS:

PERMITE DESARROLLAR:
1. Sentido de la observación
2. Memoria visual
3. Cooperación
4. Atención
5. Discriminación visual
6. Capacidad para expresarse
7. Orientación temporal

88

BROTES DE JUDÍAS

Para experimentar: 👤 Individualmente 👥 En grupo

Materiales

• 12 fiambreras pequeñas • Tierra negra • 1 bolsita de semillas de judías

EDAD SUGERIDA: A partir de 4 años

Desarrollo del experimento

1. Llenar de tierra cada fiambrera.
2. Meter dos semillas de judías en cada fiambrera.
3. Cubrirlas de tierra.
4. Colocar todas las fiambreras en un lugar cálido y húmedo.
5. Regar las semillas cuando la tierra quede seca.
6. Observar la evolución diaria:
   – ¿Qué va pasando?
   – ¿Aparecen los brotes el mismo día?
   – Evaluar la rapidez de crecimiento comparando y midiendo cada día…

Variantes y sugerencias

– Guardar las plantas para los seis próximos experimentos.
– Permitir a cada niño hacer su propio experimento, dándole la oportunidad de plantar sus semillas y cuidarlas: habrá más plantas para los experimentos

posteriores y más posibilidades de comparación. Además, los niños se sentirán más implicados.

MIS NOTAS:

PERMITE DESARROLLAR:
1. Sentido de la observación
2. Motricidad fina
3. Organización espacial
4. Organización temporal
5. Memoria visual
6. Discriminación visual
7. Capacidad para expresarse
8. Atención
9. Cooperación

89

EXPERIMENTO CON EL CALOR

Este experimento se relaciona
con el experimento n.º 88: «Brotes de judías»

Para experimentar: 👤 Individualmente   👥 En grupo reducido

Materiales
• Nevera o congelador • 3 plantas del experimento
n.º 88)

EDAD
SUGERIDA:
A partir de
4 años

Desarrollo del experimento

1. Coger 3 de las plantas del experimento anterior, que midan 5 cm de altura.
2. Colocar una en un sitio caliente: al sol en el alféizar de una ventana o cerca de un radiador o estufa.
3. Colocar otra en un lugar frío: en la nevera o en el exterior de la casa si es invierno.
4. La tercera planta será el testigo y la dejaremos donde estaba.
5. Seguir regando las plantas como de costumbre.
6. Observar:
   – tras varias horas;
   – tras un día entero;
   – tras varios días.
7. Anotar los cambios tras cada observación.

8. Releer a los niños las anotaciones de lo que ellos mismos han observado.
9. Comparar:
   – ¿Qué prefiere la planta?
   – ¿Dónde crece mejor, con calor o con frío?

Variantes y sugerencias

Experimento en el congelador.
1. Colocar una planta en el congelador: ½ hora o 1 hora solamente.
2. Sacarla del congelador.
3. Esperar a que se descongele y observar.
4. Sacar conclusiones.

MIS NOTAS:

PERMITE DESARROLLAR:
1. Sentido de la observación
2. Orientación temporal
3. Memoria visual
4. Discriminación visual
5. Capacidad para expresarse
6. Atención
7. Razonamiento lógico
8. Comprensión del entorno

90

EXPERIMENTO CON AGUA

Este experimento se relaciona
con el experimento n.º 88: «Brotes de judías»

Para experimentar: 👤 Individualmente 👥 En grupo reducido

Materiales
• Agua • 3 plantas del experimento n.º 88

EDAD SUGERIDA: A partir de 4 años

Desarrollo del experimento

1. Escoger 3 plantas que tengan ya una altura de al menos 5 cm.
2. Regar la primera cada vez que la tierra lo necesite.
3. No regar en absoluto la segunda planta.
4. Inundar completamente la tercera planta.
5. Observar:
   – tras un día entero;
   – tras varios días;
   – tras una semana.
6. Anotar los cambios entre cada observación.
7. Releer a los niños sus observaciones precedentes.
8. Comparar:
   – ¿Qué prefiere la planta?
   – ¿Mucha agua, un poco de agua o nada de nada?

9. Permitir a los niños que saquen sus propias conclusiones, aporten comentarios e hipótesis…

Variantes y sugerencias

- Repetir el experimento con otros tipos de plantas.
- Comparar los resultados obtenidos

MIS NOTAS:	PERMITE DESARROLLAR:
	1. Sentido de la observación
	2. Orientación temporal
	3. Memoria visual
	4. Discriminación visual
	5. Capacidad para expresarse
	6. Atención
	7. Razonamiento lógico
	8. Comprensión del propio entorno

91

EXPERIMENTO CON AIRE

Este experimento se relaciona
con el experimento n.º 88: «Brotes de judías»

Para experimentar: 👤 Individualmente　👥 En grupo reducido

Materiales
• Jarra de boca ancha • 2 plantas del experimento
n.º 88

EDAD
SUGERIDA:
A partir de
4 años

Desarrollo del experimento

1. Escoger dos plantas de al menos 5 cm de altura, del experimento 88.
2. Colocar la primera bajo una jarra grande boca abajo.
3. Dejar la segunda planta al aire libre.
4. Observar:
   – tras un día;
   – tras varios días;
   – tras una semana.
5. Anotar los cambios entre cada observación.
6. Releer a los niños sus propias observaciones precedentes.
7. Comparar:
   – ¿Qué prefiere la planta?
   – ¿Estar resguardada del aire o al aire libre?

8. Permitir a los niños que saquen conclusiones, aporten opiniones, lancen hipótesis…

– Repetir la experiencia con otros tipos de plantas.
– Comparar los resultados obtenidos.

MIS NOTAS:

PERMITE DESARROLLAR:
1. Sentido de la observación
2. Orientación temporal
3. Memoria visual
4. Discriminación visual
5. Capacidad para expresarse
6. Atención
7. Razonamiento lógico
8. Comprensión del propio entorno

92

EXPERIMENTO CON LA LUZ

Este experimento se relaciona
con el experimento n.º 88: «Brotes de judías»

Para experimentar: 👤 Individualmente   👥 En grupo reducido

Materiales
- 2 plantas del experimento n.º 88

EDAD SUGERIDA: A partir de 4 años

Desarrollo del experimento

1. Colocar una planta en un entorno soleado.
2. Poner la segunda en total oscuridad: dentro de un armario o en una habitación cerrada con las persianas bajadas.
3. Seguir regándolas como de costumbre.
4. Observar:
   - tras un día;
   - tras varios días;
   - tras una semana.
5. Anotar los cambios entre cada observación.
6. Releer a los niños sus propias observaciones precedentes.
7. Comparar:
   - ¿Qué prefiere la planta?
   - ¿Estar al sol o a oscuras?

8. Permitir a los niños que saquen conclusiones, aporten opiniones, lancen hipótesis…

Variantes y sugerencias

Variar el experimento:

- Intentar lo mismo con varias plantas a la vez: modificando la cantidad de luz, desde nada a mucha.
- Intentar lo mismo con la planta iluminada sólo por una lámpara.
- Intentar lo mismo con diferentes plantas: unas necesitan más sol que otras, algunas no soportan el sol directo…

MIS NOTAS:	PERMITE DESARROLLAR:
	1. Sentido de la observación
	2. Orientación temporal
	3. Memoria visual
	4. Discriminación visual
	5. Capacidad para expresarse
	6. Atención
	7. Razonamiento lógico
	8. Comprensión del propio entorno

93

EXPERIMENTO DE SUPERVIVENCIA

Este experimento se relaciona
con el experimento n.º 88: «Brotes de judías»

Para experimentar: ♟ Individualmente  En grupo reducido

Materiales
• Dos plantas del experimento n.º 88

**EDAD SUGERIDA:
A partir de
4 años**

Desarrollo del experimento

1. Arrancar las dos hojitas (cotiledón) de una planta, dejando sólo el tallo.
2. No tocar la otra planta.
3. Seguir regándolas como de costumbre.
4. Observar:
   – tras un día;
   – tras varios días;
   – tras una semana.
4. Anotar los cambios entre cada observación.
5. Releer a los niños sus propias observaciones precedentes.
6. Los dos cotiledones son las reservas de nutrientes de la nueva planta. ¿Qué pasa si se les arrancan?
7. Permitir a los niños que saquen conclusiones, aporten opiniones, lancen hipótesis…

Los pequeños cotiledones que deben arrancarse tienen la misma forma que la semilla de la judía.

Variantes y sugerencias

Variar el experimento:
- Arrancando un solo cotiledón de cada planta.
- Cortando sólo un trozo de cotiledón.

MIS NOTAS:

PERMITE DESARROLLAR:
1. Sentido de la observación
2. Orientación temporal
3. Memoria visual
4. Discriminación visual
5. Capacidad para expresarse
6. Atención
7. Razonamiento lógico
8. Comprensión del propio entorno

94

EN BUSCA DE LA LUZ

Este experimento se relaciona
con el experimento n.º 88: «Brotes de judías»

Para experimentar: 👤 Individualmente   👥 En grupo reducido

Materiales

• Caja de zapatos • Caja pequeña • Una planta
del experimento n.º 88

EDAD
SUGERIDA:
A partir de
4 años

Preparación del experimento

1. Cortar un agujero de 5 a 7 cm de diámetro, en el centro de un lado de la caja de zapatos.
2. Colocar la cajita dentro de la caja de zapatos (servirá para elevar la planta).
3. Meter la planta sobre la cajita, dentro de la caja grande.
4. Cerrar la caja.
5. Colocarla en un entorno soleado, permitiendo que el sol entre por el agujero, dentro de la caja.

Emplear unos minutos diarios para:
1. Abrir la caja.
2. Regar la planta según lo necesite.
3. Ver si la planta se inclina hacia el agujero.
4. No tocar la planta antes de que salga por el agujero.
5. Darle media vuelta a la planta cuando se tuerza buscando el agujero.
6. Verificar, otra vez, cada día, la orientación que toma la planta.
7. Recordar regarla regularmente.
8. Seguir:
   - Dando la vuelta a la planta cada vez que busque el agujero.
   - Retirando la cajita cuando la planta sea demasiado alta.
   - Observando cómo la planta hace zigzag buscando el agujero, según la vamos girando.

Variantes y sugerencias

Realizar este experimento:
1. Pidiendo a los niños que hagan su propio experimento simultáneamente.
2. Comparando los resultados obtenidos por cada niño.
3. Comparando los diferentes resultados obtenidos con otros tipos de plantas.

MIS NOTAS:	PERMITE DESARROLLAR:
	1. Sentido de la observación
	2. Razonamiento lógico
	3. Orientación temporal
	4. Comprensión del propio entorno
	5. Memoria visual
	6. Sentido de la responsabilidad

95

HACER CRECER EL CÉSPED

Para experimentar: 👤 Individualmente  En grupo reducido

Materiales
- Molde para bizcocho • Esponja nueva
- Semillas de césped • Vaporizador de agua

EDAD SUGERIDA: A partir de 4 años

Preparación del experimento

1. Embeber la esponja con agua.
2. Colocarla en la bandeja.
3. Extender sobre la esponja una gruesa capa de semillas de césped.
4. Regar las semillas cada día con un vaporizador de agua.

Observación de resultados

1. Observar diariamente, tras varios días, al cabo de una semana.
2. Anotar los resultados, los comentarios, las hipótesis, las opiniones…
3. Dibujar, medir, comparar…
4. Ver cómo las raíces van buscando un caminito a seguir…

Permitir que los niños lleguen al fondo del experimento:
- ¿Por qué no podemos regar con zumo de fruta, con leche, con café...?
- Cortar el césped con tijeras.
- Dejar que crezca el césped. ¿Hasta dónde llega?
- Plantar el césped en tierra.
- Privarlo de sol, de agua, de aire, y ver qué pasa en cada caso.

MIS NOTAS:

PERMITE DESARROLLAR:
1. Sentido de la observación
2. Memoria visual
3. Discriminación visual
4. Capacidad para expresarse
5. Atención
6. Razonamiento lógico
7. Comprensión del propio entorno

96

HACER CRECER UNA PATATA

Para experimentar: 👤 Individualmente   👥 En grupo reducido

Materiales

• Patata (con pequeñas raíces) • Tarro de cristal
(transparente) • Palillos de dientes o pinchos
de madera

**EDAD
SUGERIDA:
A partir de
3 años**

Preparación del experimento

1. Clavar 3 palillos (o pinchitos) en mitad de la patata, a una distancia igual
   entre ellos.
2. Llenar el tarro de agua a ⅔.
3. Colocar la patata sobre el tarro de forma que los palillos queden apoyados en
   los bordes de la boca del tarro y que al menos uno de los grillos de la patata
   esté en el agua.

Observación de resultados

1. Colocar el tarro a la sombra durante unos días.
2. Ir acercándolo progresivamente a un entorno soleado.
3. Asegurarse que una parte de la patata está siempre sumergida en agua.
4. Anotar diariamente las transformaciones acaecidas:
   – Aparición de raíces y tallos.

- Cantidad de éstas, color, dirección, longitud…
- Dibujar las transformaciones observadas.

Realizar este experimento con dos muestras: cuando la patata eche raíces, plantar una en la tierra y dejar la otra en el agua.

Observar:
- ¿Cuál de las dos crece mejor?
- ¿Por qué? Permitir a los niños aportar comentarios, opiniones e hipótesis. Pueden repetir el experimento para confirmar sus opiniones.

MIS NOTAS:

PERMITE DESARROLLAR:
1. Sentido de la observación
2. Razonamiento lógico
3. Discriminación visual
4. Comprensión del mundo
5. Orientación temporal

97

HACER CRECER UNA REMOLACHA

Para experimentar: 👤 Individualmente 👥 En grupo reducido

Materiales
• Remolachas • Recipiente poco profundo (como una lata de atún)

EDAD SUGERIDA: A partir de 4 años

Preparación del experimento

1. Cortar la parte alta de la remolacha.
2. Arrancar todas las hojas.
3. Colocar el capuchón cortado, en plano, dentro del recipiente.
4. Verter agua hasta que el trozo de remolacha esté cubierto hasta la mitad.

Observación de resultados

Asegurarse que la base de la remolacha esté constantemente sumergida. Anotar diariamente las transformaciones observadas:
– Aparición de raíces y tallos.
– Su cantidad, color, dirección, longitud…
– Dibujar las transformaciones observadas.

Realizar este experimento con dos muestras:

Cuando las raíces aparezcan, plantar una remolacha en la tierra y dejar la otra en el agua.

Observar:

– ¿Cuál de las dos crece mejor?
– ¿Por qué? Permitir a los niños aportar comentarios, opiniones e hipótesis. Pueden repetir el experimento para confirmar sus opiniones.
– Repetir el experimento con rábanos, nabos, zanahorias…

MIS NOTAS:

PERMITE DESARROLLAR:

1. Sentido de la observación
2. Razonamiento lógico
3. Comprensión del mundo
4. Orientación temporal
5. Memoria visual
6. Discriminación visual

BIBLIOGRAFÍA

B.r.c.e.: *Touche à Tout*. volumen 1, Jacques Frenette Éditeur, 1980, Montreal, 160 p.

B.r.c.e.: *Touche à Tout*. volumen 2, Jacques Frenette Éditeur, 1980, Montreal, 223 p.

Centre des Sciences d'ontario: *Expériences Scientiphiques*. Héritage jeunesse, 1988, Quebec, 86 p.

Ferland, F.: *Et si on jouait? Le jeu chez l'enfant de la naissance à six ans*. Éditions de l'Hôpital Sainte-Justine, 2002, Montreal, 174 p.

Programme de Loisir Créatif: *Je découvre*. Grolier, 1977, Montreal, 127 p.

Stanké, L.: *Comment Amuser Nos enfants*. Les éditions de l'homme, 1976, Quebec, 164 p.

INDICE

DEC -- 2019